FALT

»Schreiben

Wir hoffen, dass Ihnen dieser Reiseführer gefällt und er Ihnen ein guter Begleiter auf einer außergewöhnlichen und spannenden Reise ist.

Weil ein Reiseführer von Erfahrungen lebt, sind wir an Ihren Erlebnissen interessiert: Haben Sie im Buch ein Restaurant entdeckt, das es nicht mehr gibt, eine Sehenswürdigkeit, die wir noch nicht aufgeführt haben, oder eine falsche Adresse? Dann schreiben Sie uns!

Wir nehmen jeden Hinweis und jede Kritik ernst und arbeiten kontinuierlich daran, die Bücher aktuell zu halten und immer weiter zu verbessern. Auch wenn wir nicht jeden Wunsch erfüllen können, machen wir uns immer Gedanken über Ihre Anmerkungen.

Schreiben Sie an: info@reise-know-how.de oder Reise Know-How Verlag Peter Rump GmbH, Postfach 140666, 33626 Bielefeld

Wenn sich Ihre Infos direkt auf das Buch beziehen, bitten wir um die Angabe der Seitenzahl und der Auflagennummer bzw. des Erscheinungsjahres. Besonders hilfreiche Beiträge belohnen wir mit einem Sprachführer Ihrer Wahl aus unserer „Kauderwelsch"-Reihe.

Herzlichen Dank und gute Reisen
Ihr Reise Know-How Verlag

Diesem Buch wurde hier ein herausnehmbarer Faltplan beigefügt.
Sollte er beim Erwerb des Buches nicht mehr vorhanden sein, fragen Sie bitte bei Ihrem Buchhändler nach.

Liebe Leserin, lieber Leser,

ein unabhängiger Verlag für unabhängig Reisende – das sind wir, der Reise Know-How Verlag aus Bielefeld, eines der letzten Familienunternehmen in der Branche. Obwohl wir zu den größten Reiseführerverlagen Deutschlands gehören, ist der familiäre Umgang miteinander in allen Bereichen des Verlagslebens zu spüren: In der Geschäftsführung in zweiter Generation, in einer wertschätzenden Arbeitsatmosphäre, in der Nähe zu unseren frei arbeitenden Autorinnen und Autoren, im engen Austausch mit unseren Leserinnen und Lesern – und auch in der Zusammenarbeit mit Druckereien in Deutschland, in denen wir ausschließlich und regional unsere Bücher produzieren. Die sollen schließlich erst mit Ihnen auf große Reise gehen.

Alles, was wir in unsere Bücher und Landkarten stecken, soll Ihnen eines ermöglichen: Auf Ihre ganz eigene, individuelle Weise die Welt zu entdecken. Wir wünschen Ihnen viel Freude und unvergessliche Erlebnisse mit diesem Reiseführer.

Es grüßen herzlich
Peter Rump & Wayan Rump

Weinmetropole mit Weltkulturerebe

Würzburg steht nicht nur für leckeren Frankenwein, sondern beeindruckt Besucher auch mit vielen weltberühmten Prachtbauten aus ganz unterschiedlichen Epochen. Dabei ragen das 1981 zum UNESCO-Welterbe geadelte Barock-Residenzschloss (1), die Festung Marienberg (22) hoch über der Altstadt und der Dom (6) als das berühmteste Gotteshaus in der reich mit sehenswerten Kirchen gesegneten Hauptstadt Mainfrankens besonders heraus.

Herstellung, Vertrieb und Genuss des köstlichen Frankenweins prägen den Alltag der idyllisch gelegenen kleinen Metropole seit Jahrhunderten. Heutzutage wird er von den Einheimischen und ihren Gästen am liebsten als „Brückenschoppen“ auf der Alten Mainbrücke (13) „geschöppelt“.

Doch die kleine Großstadt mit Herz bietet einiges mehr als regionale Genüsse und historische Bauten: Würzburgs lebendige Kunst- und Kulturszene allein ist bereits eine Reise wert! Mainfranken Theater (s. S. 87), Theater Chambinzky (s. S. 88) und Bockshorn (s. S. 88) gelten auch außerhalb des bezaubernden Frankenlandes als Synonyme für erstklassige Schauspiel- und Kabarettkunst. Außerdem ziehen viele beliebte Großveranstaltungen (s. S. 92) Besucherscharen an.

Zigtausende Studierende aus aller Welt sorgen zudem dafür, dass die berühmte Residenzstadt auf ewig jung und ein Wissenschaftsstandort erster Güte bleibt.

Auch wer fränkische Kleinstädte wie aus dem Bilderbuch kennenlernen möchte, muss nicht weit fahren: Mit Sommerhausen (30) und Veitshöchheim (29) liegen zwei herausragende Ausflugsziele praktisch „vor der Haustür“.

Der Autor

Jens Sobisch zog es Ende der 1990er-Jahre von seinem Heimatort in der fränkischen Vorrhön zum Jurastudium an die nahe Uni Würzburg. Nach dem Examen blieb er der liebgewordenen Residenzstadt lange treu und lässt sich nach wie vor sehr gerne dort blicken. Beim Reise Know-How Verlag verantwortet der Autor auch den Kauderwelsch-Band „Fränkisch“, den „CityTrip Mailand“ und drei Cuba-Titel, darunter den „KulturSchock Cuba“. Resümee des langjährigen Wahl-Würzburgers: „Die bezaubernde Atmosphäre inmitten architektonischer Kleinode verschiedener Epochen, der leckere Frankenwein und die authentische Herzlichkeit der Menschen lassen viele Besucher regelmäßig wiederkommen.“ Der Autor widmet diesen CityTrip seinem in Würzburg geborenen Sohn Vincent.

090wb-js

Würzburg auf einen Blick

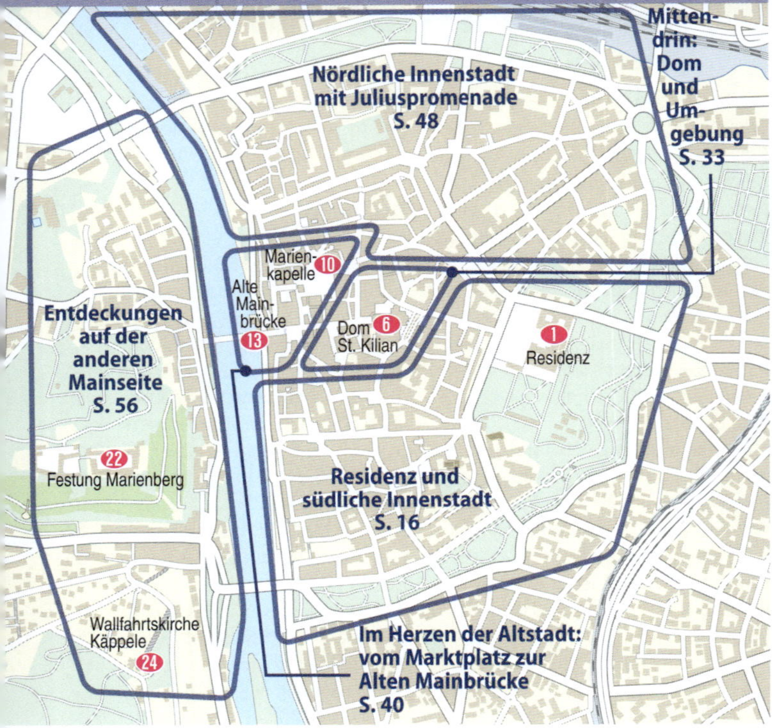

Inhalt

Cleveres Nummernsystem

Die Sehenswürdigkeiten sind im Text und im Kartenmaterial mit derselben **magentafarbenen ovalen Nummer** 1 markiert. Alle anderen Lokalitäten wie Geschäfte, Restaurants usw. tragen ein **Symbol und eine fortlaufende rote Nummer** (1). Die Liste aller Orte und die Zeichenerklärung befinden sich im Anhang.

Der Schmetterling ...

... zeigt an, wo man Angebote im Bereich des nachhaltigen Tourismus findet.

Bewertung der Sehenswürdigkeiten

★★★ nicht verpassen
★★ besonders sehenswert
★ wichtig für speziell interessierte Besucher

Planquadrat im Kartenmaterial

[A1] Orte ohne diese Angabe liegen außerhalb unserer Karten. Ihre Lage kann aber wie die aller Ortsmarken mithilfe der begleitenden Web-App angezeigt werden (s. Anhang).

Vorwahlen
- **für Würzburg und Veitshöchheim:** 0931
- **für Sommerhausen:** 09333
- **für Deutschland:** 0049

Updates zum Buch
www.reise-know-how.de/citytrip/wuerzburg23

Die beeindruckende Marienkapelle ⑩ am Unteren Markt wurde im 14. Jahrhundert errichtet (Abb.: 091wb ©milosk50, stock.adobe.com)

NICHT VERPASSEN!

1 Residenz [F4]
Die Residenz gilt als bedeutendster Schlossbau des Spätbarock in Deutschland. Im 18. Jahrhundert für die Würzburger Fürstbischöfe errichtet, ist sie seit 1981 UNESCO-Welterbe und ein Touristenmagnet ersten Ranges. Tiepolo schuf das riesige Deckenfresko im repräsentativen Treppenhaus (s. S. 16).

6 Dom St. Kilian [D4]
Der im Hochmittelalter geweihte Kiliansdom beeindruckt im Innern mit grandioser Kirchenkunst und außen mit einem Kapellenanbau des genialen Baumeisters Balthasar Neumann (s. S. 33).

10 Marienkapelle [C3]
Unter den architektonischen Schmuckstücken des Marktplatzes und seiner Umgebung ist die rot-weiße gotische Kirche der markanteste Blickfang. Hoch oben auf ihrem Turm schaut eine goldene Madonna über die Stadt (s. S. 40).

13 Alte Mainbrücke [C4]
Jahrhundertelang Nadelöhr zwischen Nord- und Süddeutschland, dient das Monument heute als Fußgängerbrücke zwischen Altstadt und linker Mainseite. Zwölf große Brückenheilige schmücken das Würzburger Wahrzeichen. Der fantastische Blick Richtung Festung verführt zum Verweilen (s. S. 45).

22 Festung Marienberg [B5]
Fast 500 Jahre lang wohnten hier die Fürstbischöfe. Heute beherbergt die Anlage zwei großartige Museen. Den eindrucksvollsten Blick auf Würzburgs repräsentative Festungsburg bietet die Uferpromenade Mainkai zwischen Altem Kranen und Alter Mainbrücke (s. S. 56).

24 Wallfahrtskirche Käppele [B7]
Pilger und Touristen teilen sich den von Platanen beschatteten Aufgang zum berühmtesten Wallfahrtsort der Region. Die zierliche, weiß-gelbe Doppelturmfront des Käppele bildet ein wunderbares Gegenstück zur wuchtigen Festung auf dem Marienberg daneben (s. S. 60).

WÜRZBURG ENTDECKEN

066wb ©etfoto, stock.adobe.com

Frankenwein, 1000 Jahre bischöflicher und bürgerlicher Bautätigkeit, eine uralte Universität und der nicht für möglich gehaltene Wiederaufbau nach der Bombardierung 1945 (s. S. 103) – so lässt sich Wesen und Werden der alten Main-Metropole auf den Punkt bringen.

Würzburg ist vielleicht die meist unterschätzte (Groß-)Stadt Deutschlands. Denn bezogen auf die Einwohnerzahl ist das Angebot an kunstsinnigen, kulturellen und kulinarischen Vergnügungen phänomenal! Dazu kommen über ein Jahrtausend Weinbau-Erfahrung der selbstbewussten und mit rustikaler Herzlichkeit gesegneten Bewohner.

Junge Menschen aus aller Welt sorgen dafür, dass die „Perle am Main" stets up to date bleibt.

Die historische Bedeutung als Sitz von über mehrere Jahrhunderte hinweg sehr mächtigen und wohlhabenden Fürstbischöfen ist für Besucher leicht an Dutzenden eindrucksvollen Baudenkmälern abzulesen, darunter der Dom St. Kilian 6, die weithin sichtbare Festung Marienberg 22 und natürlich die weltberühmte Würzburger Residenz 1.

Grandiose Ausflugsziele runden das Erlebnis Würzburg ab.

▷ *Die Uferpromenade am Mainkai (s. S. 46) lädt zum Flanieren ein*

◁ *Vorseite: Von der Festung Marienberg 22 bietet sich eine fantastische Aussicht auf Würzburg*

Würzburg an einem Tag

Ein intensiver Tagesaufenthalt beginnt mit dem auf Seite 10 empfohlenen **Stadtspaziergang.** Nutzt man einen oder zwei der Einkehrtipps und schaut sich außerdem einige der auf der Route liegenden Spitzensehenswürdigkeiten näher an, ist der Tag schon fast vorbei.

An den Spaziergang könnte sich eine Besichtigung der Residenz 1 anschließen. Danach klingt der Tag entspannt bei einem edlen Tropfen in einer Weinstube (s. S. 81) oder in einem hippen Lokal, z. B. in der Bar SIGMA (s. S. 49), aus.

Kurztrip nach Würzburg

Wer drei Tage Zeit hat, Würzburg kennenzulernen, könnte den **ersten Tag** für den auf Seite 10 vorgeschlagenen Stadtspaziergang, eine ausgiebige Besichtigung der Residenz 1 mit Hofkirche 2 und Hofgarten und einen Streifzug durch das Würzburger Nachtleben (s. S. 84) verwenden.

Der **zweite Tag** könnte schwerpunktmäßig den Sehenswürdigkeiten auf der anderen Mainseite gewidmet werden, allen voran der **Festung Marienberg 22** mit ihren beiden Museen. Wer den Festungsberg nordwärts hinabspaziert, kann das **Landesgartenschau-Gelände von 1990 27** durchqueren. An Sakralbauten Interessierte besichtigen außerdem die **Deutschhauskirche 26**. Wieder am Main, schlendert man auf der Leonhard-Frank-Promenade [B3] am Fluss entlang und kehrt vielleicht in den Biergarten Goldene Gans (s. S. 83) ein. In der kalten Jahreszeit lädt eine

002wi-js

bunte Auswahl verschiedener Lokale in der Umgebung des westlichen Endes der **Alten Mainbrücke** ⓭ dazu ein, sich bei einem Drink oder Imbiss aufzuwärmen, z. B. das altehrwürdige Caféhaus Brückenbäck (s. S. 84).

Danach geht man den Main entlang südwärts weiter an der Kirche **St. Burkard** ㉓ vorbei zum Aufstieg Richtung **Käppele** ㉔. Eigentlich eine Wallfahrtsstätte, übertrifft die Anzahl der weltlichen Ausflügler schon lange die der Pilger. Auf dem Vorplatz des schmalen Kirchleins entschädigt ein bombastischer Blick über die Stadt und das Umland für die Mühen des relativ steilen Aufstiegs.

Spaziergänger, die noch Luft haben, möchten vielleicht zur anderthalb Kilometer entfernten und noch höher gelegenen **Frankenwarte** ㉕ wandern. Einkehrmöglichkeiten in der Umgebung bieten der Nikolaus- und der Schützenhof (s. S. 81).

Wer es abends so richtig krachen lassen will, glüht in einer der Würzburger Innenstadt-Bars, z. B. dem Standard (s. S. 85), vor und zieht dann ins Airport (s. S. 86) oder einen der kleineren Clubs weiter. Ruhigere Zeitgenossen haben sich stattdessen Tickets für das Mainfranken Theater (s. S. 87) oder eine der anderen Spielstätten, z. B. das Theater Chambinzky (s. S. 88), besorgt.

Am **dritten Tag** könnten eine Wanderung durch die Weinberge (s. S. 50) und ein oder zwei Ausflüge unternommen werden: vielleicht zu einem der pittoresken, am Main gelegenen Weindörfchen im Süden Würzburgs, z. B. **Sommerhausen** ㉚?

Besonders lohnende Ziele in Richtung Norden sind der Weinort Thüngersheim und vor allem **Veitshöchheim** ㉙ mit seiner kleinen, feinen Altstadt, dem schmucken Schlösschen und dem berühmten Rokokogarten. Im Spundloch (s. S. 66), einer Veitshöchheimer Institution, kann der Tag bei fränkischen Leckereien – vielleicht auch weinselig – ausklingen.

Wer seinen Wochenendtrip lieber in der Würzburger Innenstadt gastronomisch abrunden möchte, könnte dem **Till Eulenspiegel** (s. S. 82) einen Besuch abstatten. Er vereint Bierkeller und Weinstube unter einem Dach.

Das gibt es nur in Würzburg

- **Weinverkostungen in fürstbischöflichen Gewölbekellern:** Balthasar Neumann (s. S. 17) bekam im Jahr 1719 den Auftrag zur Errichtung der Residenz mit der Maßgabe, einen vorzüglichen Weinkeller einzuplanen. Heute bilden die Gewölbe des Staatlichen Hofkellers einen stimmungsvollen Raum für Degustationen (s. S. 125).
- **Seit über 50 Semestern Disco-Dauerbrenner:** Obwohl die heutige Studentengeneration wenig mit ihren Vorgängern in den 1980er-Jahren gemein zu haben scheint, besucht sie zum Teil dieselben Clubs, allen voran das beliebte Airport, das boot und das Labyrinth (s. S. 86).
- **Kirchendichte:** Jedem Besucher fällt auf, dass es in der Bischofsstadt außergewöhnlich viele Gotteshäuser auf kleinem Raum gibt – viele davon innen wie außen äußerst sehenswert. Rund die Hälfte der Würzburger Spitzensehenswürdigkeiten sind Kirchen.
- **Das Grab Walthers von der Vogelweide:** Die Grabstätte des berühmten Minnesängers liegt versteckt und idyllisch mitten in der Stadt (s. S. 40).

057wb-js

Stadtspaziergang

Würzburgs **kompakter Aufbau** macht es möglich, das besondere Flair und die architektonischen Meisterleistungen in der Altstadt auf einem einzigen Spaziergang von anderthalb Stunden Dauer (gemütliche Laufzeit) kennenzulernen.

Ausgangs- und Endpunkt des **Spaziergangs** ist die Residenz (1). Natürlich macht es auch Spaß, ihn an einem anderen Punkt beginnen zu lassen oder in umgekehrter Richtung zu laufen – schließlich ist die Tour als Rundgang konzipiert! Unermüdliche Spaziergänger erhalten Tipps, an welchen beiden Stellen es sich lohnt, den Rundgang zu einer noch längeren Tour auszubauen.

Was an der Residenz imponiert, ist nicht nur der spätbarocke Schlossbau selbst, sondern die ganze Anlage mit dem prächtigen Hofgarten dahinter und daneben und dem Residenzplatz davor. So viel sei schon im Voraus verraten: Die empfohlene Route wird mit einer Durchquerung des fürstbischöflichen Südgartens (s. S. 24) enden.

Los geht es auf dem riesigen Residenzvorplatz. Spaziergänger, die vom eindrucksvollen **Frankoniabrunnen** (s. S. 25) westwärts Richtung Innenstadt starten, genießen von hier den Panoramablick über die vielen Kirchturmspitzen der Altstadt hinweg zu den Anhöhen auf der anderen Mainseite – inklusive Sicht auf die Wallfahrtskirche Käppele (24) und die Festung Marienberg (22).

Direkt gegenüber dem Haupteingang der Residenz führt eine Fußgängerampel sicher auf die andere Seite der Balthasar-Neumann-Promenade. Weiter geht es in die Hofstraße. Noch bevor nach nur 250 Me-

MEIN TIPP

Zu Fuß vom Hauptbahnhof zur Residenz

Ein schöner Einstieg in das Erlebnis Würzburg kann es sein, sich unmittelbar nach dem Verlassen des Hauptbahnhofs links zu halten, um durch den schmalen, aber langen **Ringpark** direkt in den Hofgarten hinter der Residenz zu spazieren. Die reine Laufzeit beträgt gut 20 Minuten. Auf dem Weg zur Residenz unterbricht der große Kreisverkehr beim Berliner Platz den die gesamte Altstadt u-förmig umschließenden Ringpark. Kurz bevor die Residenz erreicht wird, lädt eine bemerkenswerte Kirche dazu ein, kurz innezuhalten: Das Ungewöhnlichste an der evangelischen **St. Johanniskirche** sind die an eine Pommes-Gabel erinnernden Doppeltürme von 60 m Höhe. Nach der Bombardierung 1945 (s. S. 102) stand nur noch der Stumpf des Turmes über dem Eingangsportal der 1895 eingeweihten Kirche. Beim Wiederaufbau entschied sich die Gemeinde für die Lösung mit den hohen, schmalen Turmspitzen, die heute das Panorama der Stadt mitprägen.

32 [F3] **St. Johanniskirche,** Hofstallstraße 5, Tel. 322846

Wer schräg gegenüber der Johanniskirche die 28 bzw. 30 Stufen einer der beiden steinernen Treppen hinauf in den Ringpark spaziert, trifft auf einen beliebten Boccia-Platz und erreicht gleich daneben ein eindrucksvolles steinernes **Denkmal für gefallene Soldaten,** das auch als Mahnmal für den Frieden verstanden wird. Die Skulpturengruppe, zwischen 1925 und 1931 aus Muschelkalk geschaffen, beeindruckt durch ihre wuchtige, monumentale Ausführung und ausdrucksstarke Gestaltung: sechs niederkniende Soldaten in Überlebensgröße, die einen Gefallenen auf einer Bahre tragen.

tern der zum Teil gepflasterte **Paradeplatz** [D4] erreicht wird, gerät die Ostseite des Doms St. Kilian **6** in den Blick. Der ovale Paradeplatz und seine nähere Umgebung gelten seit Jahrhunderten als das religiöse Kraftzentrum Würzburgs. Denn in den Stadtpalästen hier wohnten früher die Domherren, also Adlige, denen das Bekleiden eines hohen geistlichen Amtes ein Anrecht auf gute Bezüge sicherte.

Der Stadtspaziergang führt nun zum Haupteingang des **Doms St. Kilian** **6**. Der kürzeste Weg dorthin verläuft um den nördlichen Querarm und die daran angebaute schmucke Schönbornkapelle (s. S. 34) herum auf den kleinen **Kiliansplatz** **7** und von dort weiter durch eine kurze Unterführung.

Romantiker queren den Kiliansplatz nicht, ohne vorher dem nur wenige Schritte entfernten **Lusamgärtchen** (s. S. 38) einen Besuch abzustatten. Einfach der Martinstraße 15 Meter folgen, dann links in den kleinen Innenhof. Hier soll der berühmteste Minnesänger des Mittelalters, Walther von der Vogelweide (s. S. 40), seine letzte Ruhestätte gefunden haben. Heute ist dieser ruhige Winkel ein Pilgerort für von Liebeskummer Geplagte.

Vor dem Hauptportal des **Doms St. Kilian** **6** angekommen, lassen Spaziergänger den Blick die **Domstra-**

Routenverlauf im Stadtplan

Der hier beschriebene Spaziergang ist mit einer farbigen Linie im Stadtplan eingezeichnet.

ße 9 entlang schweifen. Die autofreie und tagsüber stets belebte Flanier- und Shoppingmeile verbindet den Vorplatz des Doms mit der **Alten Mainbrücke** 13, einem besonders spektakulären Bauwerk. Wer sich bei seinem Rundgang nur Zeit für die populärsten Sehenswürdigkeiten nehmen will oder kann, erreicht sie vom Dom aus in weniger als fünf Minuten.

Spaziergänger mit mehr Muße verlassen den Vorplatz des Doms nach rechts und treffen dort unmittelbar auf die geschwungene rötlich-hellgraue Fassade der **Stiftskirche Neumünster** 8. Hier wird den Frankenaposteln Kilian, Kolonat und Totnan besonders ausgiebig gedacht – schließlich steht das Gotteshaus direkt über der Stelle, an der die drei den Märtyrertod (s. S. 35) gefunden haben sollen. Eine kurze Besichtigung der Kiliansgruft lohnt sich auch für Nicht-Katholiken.

An der Fassade des Neumünsters vorbei 50 Meter nordwärts den Straßenbahnschienen folgend, kann links am Häckerbrunnen auf den **Marktplatz** eingebogen werden. Wer geradeaus weiterliefe, würde rechter Hand die **Augustinerkirche** 18 passieren und kurz danach die **Juliuspromenade** 15 erreichen.

Würzburgs Marktplatz unterteilt sich in den Oberen und den geräumigeren Unteren Markt mit seinem markanten **Obeliskbrunnen** (s. S. 43). Diese Unterscheidung dürfte Spaziergänger aber zunächst nicht weiter interessieren, denn zwei äußerst markante Bauwerke fesseln die Aufmerksamkeit: erstens das **Falkenhaus** 11 mit seiner üppigen in Gelb und Weiß gehaltenen Rokoko-Fassade und zweitens die zierliche, von einer goldenen Madonna überstrahlte **Marienkapelle** 10 – berühmt für die von Tilman Riemenschneider (s. S. 42) geschaffenen Steinfiguren von Adam und Eva.

Spaziergängern, die sich beim Marktplatz eine **Stärkung** gönnen möchten, kann direkt vis-à-vis das Café Schönborn (s. S. 80) empfohlen werden.

Nur einen Katzensprung von der Marienkapelle entfernt diniert man **urig-fränkisch** im Restaurant und Weinhaus Stachel (s. S. 82) oder im Wirtshaus Lämmle (s. S. 79). Letzteres wird ohnehin passiert, wenn es über den Marienplatz und die Häfnergasse [C3] weiter in den Norden der Altstadt geht.

Bevor die mondäne Juliuspromenade 15 erreicht wird, passiert man einen kleinen Platz an der Straße **Ulmer Hof.** Hier lohnt es sich, kurz innezuhalten, denn im Pflaster finden sich Mosaike der Wappen von einigen Partnerstädten Würzburgs, darunter Caen (Frankreich) und Salamanca (Spanien). Dominiert wird der Platz von einer 1987 errichteten markanten Skulptur, die Würzburgs Zerstörung und Wiederaufbau symbolisiert.

Würzburgs **Juliuspromenade** ist städtebaulich eine Halballee, da sie derzeit nur von einer Baumreihe geschmückt wird. Bereits im 14. Jahrhundert angelegt, wurde sie Mitte des 19. Jahrhunderts nach Julius Echter von Mespelbrunn (s. S. 53) benannt, der seinerzeit auch das anliegende weiträumige Juliusspital 17 stiftete.

Die Straßenbahnschienen der Juliuspromenade kreuzend, biegt man in die leicht nach links versetzte Pleicherkirchgasse ein. Betreten wird der „Ministadtteil“ **Innere Pleich** 16. Hier können Spaziergänger einen Ein-

Brückenheilige aus Sandstein säumen die Alte Mainbrücke 13

druck vom „alten" Würzburg bekommen, denn einige Gebäude dieses ruhigen, hübsch gepflasterten Winkels rund um die Kirche St. Gertraud (s. S. 49) haben die Zerstörung 1945 überstanden.

Über die Pleichertorstraße [C2] führt der Spaziergang die Straße Kranenkai querend an den Main. Direkt am Fluss entlang werden südwärts Ausflugsschiffe vor Anker (s. S. 126) und der **Alte Kranen** (14), ein wuchtiger Hafenkran aus der Barockzeit, passiert. Immer weiter auf der herrlich hergerichteten Uferpromenade den Main entlang flanierend, haben Spaziergänger als nächstes Ziel die imposante **Alte Mainbrücke** (13) im Blick.

An einem der Brückenenden könnte sich eine kleine Einkehr anschließen – auf der Festungsseite z. B. im Caféhaus Brückenbäck (s. S. 84) oder auf der Altstadtseite im Restaurant Alte Mainmühle (s. S. 78). Bei schönem Wetter genehmigen sich Weinfreunde hier gerne einen „Brückenschoppen" im Freien.

So gestärkt, möchten manche den Bummel vielleicht auf die **andere Mainseite** ausdehnen. Ganz Sportliche könnten sogar den Aufstieg zum **Käppele** (24) oder zur **Festung Marienberg** (22) wagen. Um die Festung zu erreichen, einfach nach der Überquerung der Alten Mainbrücke (13) über die Fußgängerampel gehen und dann ein paar Schritte nach rechts und in die leicht ansteigende Zeller Straße abbiegen. Kaum eingebogen, verlässt man sie auch schon wieder, um links die Gasse Tellsteige, den Beginn des Aufstiegs zur Festung, hochzugehen.

Beim Rückweg von der Festung zum Ausgangspunkt Residenz werden das **Alte Rathaus** (12) mit seinem mittelalterlichen Grafeneckart-Bau und der spätbarocke Vierröhrenbrunnen (s. S. 45) passiert.

064wb-js

Noch ca. 150 m weiter Richtung Dom 6 geht es dann links am Lokal Sternbäck (s. S. 39) vorbei in die Stern- und anschließend in die Franziskanergasse [D4–5]. Ein spannendes Detail in Letzterer: Wer vor Tilmans Steakhaus (s. S. 79) den Kopf in den Nacken legt und an der anderen Gassenseite nach oben schaut, kann die mit eisernem Geländer versehene **Neumann-Kanzel** sehen. Von hier aus überwachte das Architektur-Genie (s. S. 17) seine vielen Baustellen.

Über den Franziskanerplatz werden mit der **Alten Universität** 4 und der dazugehörenden Neubaukirche die letzten beiden spektakulären Bauten auf dem Rundgang erreicht. Entlang der gepflasterten Domerschulstraße erinnern das örtliche Priesterseminar rechter und das Diözesanarchiv linker Hand noch einmal an den Einfluss der katholischen Kirche auf die Geschicke Würzburgs. Seit der Schließung des Priesterseminars in Bamberg bildet das neben der Alten Universität gelegene Institut angehende Priester für beide Bistümer aus.

Vorbei an der frühklassizistischen **Kirche St. Michael** 3 überquert man an der Fußgängerampel die Balthasar-Neumann-Promenade und betritt durch den etwas unscheinbaren Eingang an der Nordseite eines kleinen Parkplatzes den südlichen Teil des zum Residenz-Ensemble gehörenden **Hofgartens** (s. S. 23). Über den gewundenen Hauptweg und vorbei an Hofküchengarten und Orangerie werden erst der eindrucksvolle Barockbrunnen des Südgartens mit den ihn umgebenden kegelförmig gestutzten Eiben und schließlich das **Residenzschloss** 1 erreicht. Den Rundgang beschließen könnte eine Einkehr in die **Gaststätte B. Neumann** (s. S. 78, vormals Residenz-Gaststätten) im Gesandtenbau neben dem Residenzplatz. Bei schönem Wetter ist ihr innerhalb des Hofgartens (Südgarten) gelegener Außenbereich geöffnet.

< Freie Sicht von der Alten Mainbrücke 13 Richtung Uferpromenade, Mainkai und Weinberge

MEIN TIPP

Verlängerung für Unermüdliche

Spaziergänger, die den Rundgang noch ein wenig erweitern möchten, kommen auf der Juliuspromenade 15 am Haupteingang des Juliusspitals 17 vorbei, bevor sie über den Barbarossaplatz die in hellgrau gehaltene Barock-Kirche Stift Haug 19 erreichen. Von hier aus geht es weiter via Bahnhofstraße zur Besichtigung des spektakulären Kiliansbrunnens 20 vor dem Hauptbahnhof. Durch den Trubel der Kaiserstraße [D/E2] und vorbei an kleinen und mittelgroßen Läden und Imbissen führt der Weg zurück zur Juliuspromenade. Auf der Prachtpromenade selbst laden bei Gästen und Würzburgern beliebte Lokale zur Einkehr ein, darunter die Weinstube des Juliusspitals (s. S. 49), das Eiscafé Rialto (s. S. 84) und die Fastfood-Pilgerstätte Alis Schlemmer Eck (s. S. 80). Bei schönem Wetter kann es sich lohnen, am Westende der Juliuspromenade die parallel zum Main verlaufende Straße Mainkai zu überqueren und dem Biergarten Alter Kranen (s. S. 83) einen Besuch abzustatten. Vor allem in der warmen Jahreszeit empfiehlt sich die geräumige Außengastronomie mit Blick auf die Festung als krönender Abschluss eines ausgedehnten Stadtbummels.

Residenz und südliche Innenstadt

Die Würzburger Residenz ist eine Sehenswürdigkeit der Superlative. Die UNESCO erhob den Schlossbau 1981 zum Weltkulturerbe. Einmal quer durch den dazugehörenden Hofgarten gelangen Spaziergänger zum südlichen Teil der Würzburger Altstadt. Auch hier lassen prunkvolle Bauten staunen, darunter viele Kirchen und die Gebäude der Alten und Neuen Universität.

1 Residenz ★★★ [F4]

Würzburgs fürstbischöfliche Residenz ist allein schon eine Reise wert. Bekanntester Gebäudeteil ist das Treppenhaus mit dem weltberühmten Deckenfresko von Tiepolo. Große Teile des Barockschlosses und der Anlagen drumherum können besichtigt werden.

Die Residenz, laut Napoleon „das größte Pfarrhaus Europas“, ist nicht nur eine Sehenswürdigkeit, sondern umfasst Dutzende sehenswerte Punkte. Sie bietet **Kunst- und Naturgenuss** auf höchstem Niveau. Dabei gelten auch und gerade die Kombination von Schloss und Hofgarten als spektakulär.

Das **Hauptgebäude** ist einer der grandiosesten Bauten des Barock und in einer Liga mit den Schlössern Versailles bei Paris und Schönbrunn in Wien angesiedelt. **Innen** begeistert nicht nur das sensationell überwölbte und in Fresko-Technik bemalte Treppenhaus, sondern auch die Besichtigung von über 40 fantastisch eingerichteten Räumen.

⊡ Würzburgs Residenz ist ein Touristenmagnet

Die Dimensionen der Residenz sind **enorm:** Das Rechteck, das ihren Grundriss bildet, ist 167 m lang und 97 m breit. Von den etwas erhöhten Stellen des Ostteils des Hofgartens kommen die gewaltigen Ausmaße beim Blick auf die sogenannte Gartenfront besonders gut zur Geltung.

Mit allem Drum und Dran dauerte die Errichtung ab Grundsteinlegung am 22. Mai 1720 **fast 60 Jahre.** Der Rohbau stand allerdings schon Ende 1744. Die Gesamtkosten sollen sich auf 1,5 Millionen Gulden belaufen haben. Zum Vergleich: Ein sogenannter Tagelöhner konnte froh sein, 1 Gulden zu verdienen – pro Woche! Dass das Projekt in die Gänge kam, ist maßgeblich auf die Bauwut der **Schönborn-Bischöfe** (s. S. 26) zurückzuführen.

Seit 1921 ist die Anlage öffentlich zugänglich.

Architektonisch bildet die Residenz eine Synthese der wichtigsten im Barock gängigen Stile. Der damals noch relativ unbekannte Baumeister **Balthasar Neumann** (s. S. 17) hatte Experten aus halb Europa zu Rate gezogen. Der Franzose Gabriel Germain Boffrand (1667–1754) beispielsweise überzeugte mit seinen Entwürfen zur Gestaltung der Nebenflügel und Johann Lucas von Hildebrandt (1668–1745) gab Tipps für die Ausführung der mittig hervorspringenden Gebäudeteile der Fassaden zum Hofgarten hin.

Neumanns Genie zeigte sich ganz besonders darin, dass er jederzeit den **Überblick behielt** und es ihm auf diese Weise meisterhaft gelang, die verschiedenen Architekturströmungen zu einem grandiosen Gesamtkonzept zusammenzuführen.

022wb-js

Jahrtausend-Baumeister: auf den Spuren Balthasar Neumanns

Balthasar Neumann (1687–1753) aus Eger (heute die Stadt Cheb in Tschechien) brachte es vom Gießergesellen zum **obersten Leiter des Bauwesens** in den Hochstiften Würzburg und Bamberg. Dazu kamen noch lukrative Aufträge aus anderen Regionen. Ab 1741 bekleidete er außerdem einen hohen militärischen Rang der fränkischen Kreisartillerie.

„Ältere" Leser kennen sein Gesicht vom **letzten 50-DM-Schein** vor der Euro-Einführung. Auf der Vorderseite ist der Genius mit barocker Lockenperücke vor einigen seiner berühmtesten Bauwerke zu sehen. Die Rückseite zieren Teilansichten seiner Gebäude. Zeitlebens leitete er nicht nur in Würzburg und Umgebung **viele Baustellen.**

Neben der Residenz besonders erwähnenswert sind:

- Schönbornkapelle am nördlichen Querarm des Doms 6 (1723/1724)
- Maschikuliturm (s. S. 57) der Festung Marienberg 22 (1724–1729)
- Basilika Gößweinstein (Oberfranken) in der Fränk. Schweiz (1730–1739)
- Schloss Werneck, 25 km nordöstlich von Würzburg (1733–1746)
- Fassade der Augustinerkirche 18 (1744)
- Umbau des Klosters Oberzell bei Würzburg (1744–1760)
- Erweiterung und Ausbau der Wallfahrtskirche Käppele 24 (1748–1750)
- Ausbau des Schlosses in Veitshöchheim 29 (1753)

Kunstsinnige Besucher können sich an der **gewieften Komposition** der Fassaden kaum sattsehen. Achten Sie z.B. auf folgendes Detail: Balthasar Neumann hatte sich entschieden, über den beiden Hauptgeschossen kleinere Zwischengeschosse (Halbgeschosse) einzufügen. Im Bereich des Mittelteils der Stadtseite erreicht er einen hübschen architektonischen Effekt, indem zunächst das untere Zwischengeschoss an den seitlichen Innenfronten entfällt, am Mittelbau des Innenhofs dann auch das obere.

Treten Sie ein in eines der schönsten Schlösser der Welt! Dutzende fantastisch eingerichtete Räume machen die Residenz zu einem gewaltigen Museum. Über 40 von ihnen können besichtigt werden. Die Erläuterungen folgen dem **typischen Rundgang** durch das Riesengebäude – egal, ob geführt oder auf eigene Faust:

Die **Raumfolge** mit Vestibül, Treppenhaus, Weißem Saal, Kaisersaal und Kaiserzimmern entspricht dabei dem Idealbild eines Barock-Schlosses. Wer **nur wenig Zeit** für die Besichtigung der Residenz aufbringen kann oder möchte, konzentriert sich bei seinem Besuch auf Treppenhaus, Kaisersaal, Hofkirche und Hofgarten.

Vestibül

Wer den großzügigen Ehrenhof *(Cour d'Honneur)* hinter dem Frankoniabrunnen (s. S. 25) durchschritten hat, betritt zunächst das sogenannte Vestibül.

Dieser flache Vorraum wurde so weitläufig gebaut, damit eine vierspännige **Kutsche** ohne Wendemanöver ein- und wieder ausfahren konnte. Die erdrückend niedrige Decke sorgt für einen eindrucksvollen **Kontrast** zum prachtvollen Treppenhaus nebenan.

◻ Blick vom Vestibül der Residenz Richtung Treppenhaus

Gartensaal

Der Gartensaal *(Sala terrena)* befindet sich zentral unter dem Kaisersaal (s. S. 22). Durch das vom Ostgarten her **hereinströmende Licht** wirkt er noch größer, als er sowieso schon ist. Die Stuckaturen stammen von Antonio Bossi (s. S. 32).

Das von Johann Zick (1702–1762) geschaffene Deckenfresko des Gartensaals zeigt unter anderem ein Göttermahl. Es entstand wenige Jahre vor dem weitaus berühmteren Riesen-Fresko im Treppenhaus.

Treppenhaus

Ein ganz besonderes Highlight jeden Residenz-Besuchs ist das in Fresko-Technik bemalte, sensationell überwölbte Stiegenhaus, über das früher der Fürstbischof und heutzutage Besucher aus aller Welt auf einer dreiläufigen Treppenanlage eine Etage höher gelangen.

Warum so ein Brimborium um einen Raum, der im Wesentlichen dazu dient, von einem Stockwerk ins nächste zu gelangen? Nun, den Fürstbischöfen ging es um den repräsentativen Effekt. Reisende, die nach einer langen Fahrt direkt in das Schloss gelangten, stiegen im niedrigen Vestibül aus der Kutsche – um dann von der **großflächigen Pracht** der Farben und Formen im Treppenhaus förmlich erschlagen zu werden.

Zur Zeit seiner Errichtung war der **Bau des Deckengewölbes** nicht unumstritten. Viele Kollegen Neumanns meinten, dass es mit einer Scheitelhöhe von 23 m zu gewagt konstruiert sei und zusammenbrechen werde. Wie unrecht sie hatten, zeigte sich 200 Jahre später, als selbst das nach dem Bombenangriff 1945 (s. S. 102) einstürzende Residenzdach dem Gewölbe nichts anhaben konnte.

Der Venezianer Giovanni Battista Tiepolo (s. S. 21) schuf das **fast 700 m² große Decken-Gemälde** in den Jahren 1752 und 1753. Dafür erhielt der seinerzeit berühmteste Freskenmaler der Welt ein fürstliches Honorar. Die Investition sollte sich lohnen: Viele der jährlich in die Hunderttausende gehenden Besucher der Residenz kommen gerade wegen des größten freihängenden Deckenfreskos der Welt.

Das Deckenfresko im Treppenhaus

Das 32 x 19 m große Bild hat keinen offiziellen Namen. Manche nennen es beschreibend „Allegorie von Himmel und Erde" oder „Verherrlichung des Fürstbischofs Carl Philipp von Greiffenclau mit den vier Erdteilen".

Tiepolos Ölgemälde, das er 1752 dem Fürstbischof als **Vorlage** überreichte, hängt mit dem Titel „Allegory of the Planets and Continents" im Metropolitan Museum of Art in New York (www.metmuseum.org/toah/works-of-art/1977.1.3).

Nicht wenige Residenz-Besucher riskieren ihre Gesundheit, wenn sie minutenlang den Kopf in den Nacken legen, um Tiepolos monumentales Meisterwerk gebührend zu bestaunen. Aber was genau ist auf dem Fresko eigentlich zu sehen?

Es lässt sich in **zwei große Bereiche** unterteilen: Die Zentralgruppe mit diversen **antiken Gottheiten**, die den Himmel bevölkern und am Bildrand rundum Allegorien, also Versinnbildlichungen, der **damals anerkannten vier Kontinente.** Afrika, Amerika, Asien und Europa werden dabei von vier Frauengestalten in typischer Tracht symbolisiert. Zu diesen allegorischen Fürstinnen der Kontinente gesellen sich weitere Personen und Attribute, die für die jeweilige Weltgegend stehen sollen. Schmunzeln lassen Details, die der Künstler nicht **ganz naturgetreu wiedergegeben** hat, z. B. die Form des Elefantenrüssels oder die monströsen Ausmaße des „Reittiers" Krokodil (oder Alligator).

Das offizielle Hauptthema, die Huldigung des Würzburger Fürstbischofs durch die ganze Welt, kommt an prominenter Position zur Darstellung:

In einem Medaillon über der Europa-Figur schwebt ein **Porträt Karl Philipps von Greiffenclau** (1690–1754). Diese Montage soll seine Rolle als Freund der Künste versinnbildlichen. Und in der Tat war er ein Förderer der Würzburger Universität. Dennoch geht die bildliche Überhöhung des ambitionierten Herrschers zur für die Weltgeschichte besonders bedeutsamen Figur weit an der Realität vorbei und wirkt aus heutiger Sicht ein wenig grotesk.

Im Folgenden werden die **Bereiche** des Deckenfreskos im Einzelnen vorgestellt:

Dominierende Figur des **Götterhimmels** ist ein strahlender **Apoll**, Sonnengott und Beschützer der Künste. Umgeben wird Apoll von anderen antiken Gottheiten als Verkörperungen der Planeten, Jahreszeiten und Monate – und zahlreichen pummeligen Engelchen. Götterbote Merkur schwebt zwischen dem Bildnis des Fürstbischofs und Apoll.

Die Kontinente:

Die **Afrika** symbolisierende Dame ruht halbnackt auf einem Dromedar. Drumherum entfaltet sich buntes Treiben. Affe und Strauß vertreten das Tierreich des Erdteils.

In **Amerika** thront eine barbusige amerikanische Ureinwohnerin mit eindrucksvollem Kopf-Federschmuck und Jagdbogen auf einem riesenhaften Alligator. Um sie herum befindet sich ihr Gefolge, das sich über Obst, einen erlegten Hirsch und abgeschlagene Menschenköpfe freut. Die üppigen Schnurbärte erinnern eher an die orientalische Bartmode der Epoche. Vermutlich sollten sie die Exotik der indigenen Bevölkerung des Doppelkontinents unterstreichen.

Asien kommt bei Tiepolo recht gut weg. Die den Kontinent darstellende Dame ist bekleidet und reitet auf einem prächtig ausstaffierten Elefanten. Die Golgota-Kreuze und der Steinblock mit der armenischen Schrift weisen den Erdteil als Wiege von Religion und Hochkultur aus.

Europa wird als Beherrscherin der Welt in Szene gesetzt. Symbole des Christentums, der Künste und der Wissenschaften heben die Sonderstellung des Kontinents selbstbewusst hervor. Pferd und Rind vertreten die hiesige Fauna und ein Globus weist auf den geopolitischen Machtanspruch der sog. Alten Welt hin.

Als Vertreter der bildenden Kunst tummeln sich im Bereich des Erdteils Europa auch der Baumeister Balthasar Neumann (für Architektur, s. S. 17), Antonio Bossi (als Stuckateur und Bildhauer, s. S. 32) und Tiepolo selbst (Malerei, s. S. 21): Links der allegorischen Darstellung Europas reitet **Neumann** als Anspielung auf seine militärische Karriere auf einer Kanone. **Bossi** mit seinen Werkzeugen steht schräg hinter ihm. **Tiepolo** findet man mit roter Mütze und hellem Schal in der Ecke zwischen Afrika und Europa. Manche meinen, Gesichtszüge und Augen des Venezianers erinnerten ein wenig an den jungen Sylvester Stallone. Die Person neben Tiepolo ist sein Sohn Giovanni Domenico.

Was verschlug den venezianischen Superstar Tiepolo nach Würzburg?

Um es ganz direkt zu sagen: 10.000 rheinische Gulden – eine sagenhafte Summe, die ein Vielfaches der jährlichen Bezüge des Hofbaumeisters Balthasar Neumann (s. S. 17) betragen haben soll. Und dabei handelt es sich nur um das für die Arbeiten im Kaisersaal (s. S. 22) vereinbarte Honorar. Sollte alles zur Zufriedenheit der Würzburger klappen, würde über den Auftrag für das Treppenhaus-Fresko verhandelt werden.

Für eine geringere Gage wäre Giovanni Battista Tiepolo (1696–1770) wohl nicht in die fränkische Provinz zu locken gewesen. Der Venezianer galt zu seiner Zeit als **bester Freskenmaler der Welt.** Abgesehen von der fürstlichen Bezahlung reizte ihn aber wohl auch die Aussicht, das gewaltigste freitragende Deckengewölbe der Welt gestalten zu dürfen.

Auftraggeber Karl Philipp von Greiffenclau (1690–1754) war jedenfalls der Meinung, dass der Beste gerade gut genug sei, um das Innere seines repräsentativen Schlosses zu gestalten. Daher hatte er seinen Unterhändlern aufgegeben, nicht mit dem Genie zu feilschen!

Im Herbst 1750 reiste der Künstler mit seinen beiden ältesten Söhnen Domenico (23 Jahre) und Lorenzo (14) über die Alpen, wofür er Fahrtkosten von 3000 Gulden berechnen durfte.

Das Ergebnis seiner Arbeit können alle Interessierten im **Kaisersaal** der Residenz bewundern. Nach Meinung des Fürstbischofs hatten Tiepolo und sein Team damit ihr Würzburger Gesellenstück abgeliefert und konnten auf das Deckengewölbe losgelassen werden. Kostenpunkt: Weitere 15.000 Gulden – die **höchste Summe,** die jemals für ein einzelnes Fresko bezahlt wurde.

Nach getaner Arbeit reisten Tiepolo und Entourage im Herbst 1753 über München zurück in ihre Heimatstadt Venedig.

Effekte und Details:

Um die plastische Illusion noch zu verstärken, sind einige Figuren, vor allem in den Ecken, tatsächlich Plastiken – was auf den ersten Blick nicht auffällt! Dieser Kniff leitet das Auge des Betrachters geschickt vom realen Raum in den illusionistischen Bildraum über. Es handelt sich um (Stuck-)Arbeiten der Bossi-Familie s. S. 32).

Im Obergeschoss läuft ein breites, mit Skulpturen geschmücktes Geländer um den Treppenaufgang herum. Diese Plastiken und am Geländer stehende Personen sehen aus der Perspektive von hinaufsteigenden Besuchern aus, als wären sie **Teil des Gemäldes.** Zahlreiche **amüsante Details** lassen Betrachter seit Jahrhunderten schmunzeln, z. B. die Aktivitäten der abgebildeten Tiere. Wer möchte, kann u. a. folgende Gags finden:

- Ein Windhund schnüffelt respektlos an Hofbaumeister Balthasar Neumann.
- Das Fabeltier Greif klammert sich von unten an das Medaillon mit Fürstbischof Greiffenclau.
- Der Affe im Bereich Afrika scheint äußerst gut gelaunt zu sein – oder betrunken.
- Das Treiben der Engelchen im Götterhimmel mutet an wie ein Ausschnitt aus einer Krabbelkinder-Studie.

- Der Flussgott des Nils wird als rüstiger Greis mit großem Wasserkrug dargestellt.
- Finden Sie die Signatur Tiepolos von 1753? Hilfestellung: Nicht weit von einem hohen Turm!

- **Literaturtipp:** „Giovanni Battista Tiepolo. Die Fresken in der Residenz zu Würzburg", Frank Büttner und Wolf-Christian von der Mülbe, 154 S., Edition Popp 1980

Weißer Saal

Wie der Name vermuten lässt, ist der zentrale Weiße Saal in sehr hellen Farben gehalten – ein **bewusster Kontrapunkt** zum knallbunten Treppenhaus davor und dem blattgoldreichen Kaisersaal einen Raum weiter. Genutzt wurde er als Audienzsaal.

Die **fantastischen Stuck-Arbeiten** Antonio Bossis (s. S. 32) gelten als innenarchitektonischer Höhepunkt des repräsentativen Raumes. Auch der Bildhauer Johann Wolfgang van der Auvera steuerte Arbeiten bei. Der Miterfinder des Würzburger Rokoko leitete formal die Arbeiten an der Innendekoration der Residenz.

Bossi (s. S. 32) und van der Auvera arbeiteten regelmäßig zusammen, beispielsweise auch bei der Gestaltung der Würzburger Kirche St. Peter und Paul 5.

Kaisersaal

Der goldglänzende Kaisersaal ist das Ergebnis des Zusammenwirkens von drei Meistern ihres jeweiligen Fachs. Das Trio **Neumann** (Baukunst), **Tiepolo** (Malerei) und **Bossi** (Innenarchitektur) schuf hier an der Ostseite des Residenzschlosses eine gleichzeitig prunkvolle und harmonische Raumeinheit.

Deutlich trägt der Saal die Handschrift Tiepolos, der hier mit seinen Fresken Höhepunkte der Würzburger Stadtgeschichte darstellen durfte. Zeitlich liegen diese Arbeiten vor dem Auftrag, die Decke des Treppenhauses zu gestalten. Aus Sicht des Fürstbischofs empfahlen erst die Kaisersaal-Fresken den Künstler für diese Aufgabe.

Als **Motive** für den Kaisersaal wählte der Auftraggeber einerseits „Die Trauung Kaiser Barbarossas und der Beatrix von Burgund durch den Würzburger Fürstbischof 1156" und andererseits den Moment, in dem derselbe Kaiser 1168 den Würzburger Bischöfen die Herzogswürde verlieh.

Bei der Hochzeit kniet der Kaiser vor dem geistlichen Herrn, bei der Belehnung auf der gegenüberliegenden Seite ist es andersherum. Dieser Wink sollte die Verbindung des Bistums Würzburg mit dem Kaiserhaus und die **gegenseitige Abhängigkeit von weltlicher und kirchlicher Macht** darstellen. Der selbstbewusste Fürstbischof setzte sich damit außerdem als Garant des Fortbestehens von Kaiserhaus und Reich in Szene.

Spiegelkabinett

Das 1979 bis 1987 rekonstruierte Spiegelkabinett, eines der Paradezimmer des Kaisers, ist laut UNESCO **„das vollkommenste Raumkunstwerk des Rokoko".** Wie im Falle des Weißen Saals haben wir diese erlesene Pracht dem Können und der Zusammenarbeit des Stuckateurs Bossi (s. S. 32) und des Bildhauers Johann Wolfgang van der Auvera zu verdanken.

Allerdings war nach der Bombardierung 1945 (s. S. 102) nicht viel von dem Raum übrig, denn die fest an die Wand montierten Spiegel waren geschmolzen. Die mühsame Rekonstruktion konnte allerdings 1987 erfolgreich abgeschlossen werden.

Das Überwältigende am Würzburger Spiegelkabinett ist, dass es **vollkommen mit Spiegeln verkleidet** ist, viele davon mit herrlichen Hinterglasmalereien.

Ebenfalls wundervolle, aber im Vergleich zu den beschriebenen Sälen und dem Spiegelkabinett **weniger bedeutende Räume** sind die sogenannten Paradezimmer, der frühklassizistische Fürstensaal, diverse Gästezimmer, die Ingelheimzimmer und das Grünlackierte Zimmer. In vielen Räumen sind Möbel, Gemälde und andere Kunstschätze des 18. Jahrhunderts zu bestaunen.

Martin-von-Wagner-Museum

Im Südflügel der Residenz ist eines der größten Universitätsmuseen Europas untergebracht. Ein Besuch lohnt sich vor allem für Fans antiker und nachantiker Kunst (Schwerpunkt Keramik). Daneben gibt es eine Gemäldesammlung mit Werken aus der Zeit des 15. bis 20. Jahrhunderts und Skulpturen von Tilman Riemenschneider und seiner Schule (s. S. 42) sowie anderen, weniger bekannten Bildhauern und -schnitzern. Die graphische Sammlung umfasst unter anderem Zeichnungen von Tiepolo.

› **Martin-von-Wagner-Museum,** Südflügel der Residenz (Zugang im Innenhof, Durchgang neben der Hofkirche), Tel. 3182288, www.martinvonwagner-museum.com, geöffnet: Gemäldegalerie Di.–Sa. 13.30–17, Antikensammlung Di.–Sa. 10–13.30 Uhr. Sonntags öffnen die beiden Sammlungen im wöchentlichen Wechsel 10–13.30 Uhr (Kalender s. Website), Eintritt frei. Nach vorheriger Anmeldung erhalten Gruppen Führungen – auch außerhalb der Öffnungszeiten. Sonntags gibt es gelegentlich thematische Führungen.

KURZ & KNAPP

Barock und Rokoko

Viele Experten preisen die Würzburger Residenz als einen Höhepunkt der Stilrichtungen Barock und Rokoko. Das ist kein Widerspruch, denn das Rokoko folgte in der ersten Hälfte des 18. Jahrhunderts kunstgeschichtlich der Epoche des Spätbarocks. Konzeption und Errichtung der Residenz fallen teilweise in die Zeit dieses Übergangs.

Der Name Rokoko ist abgeleitet von „Rocaille", dem französischen Wort für Muschelwerk. Denn die Vertreter dieser Stilrichtung verwendeten fleißig muschelförmige Dekorelemente voller asymmetrischer Schnörkel. Die Fassade des Würzburger Falkenhauses 11 stellt ein hervorragendes Anschauungsmaterial dar. Der Klassizismus löste das Rokoko um etwa 1770 ab.

Hofgarten

Eingebettet ist das Schloss in eine herrliche Gartenanlage mit zwei großen Brunnen, vielen Skulpturen, zugeschnittenen Bäumen, Hunderten alter Rosensorten, sonstiger Blütenpracht und vielem mehr, das sich zu entdecken lohnt.

Besondere Herausforderung bei der Anlage des Areals waren die beiden großen **Bastionen der barocken Stadtbefestigung**, die zwingend integriert werden mussten. Neumann und seinem Team gelang das in hervorragender Weise. Statt den Rückbau der Befestigungen zu forcieren, machten sie aus der Not eine Tugend und bezogen diese wunderbar in die Gestaltung des Hofgartens ein.

Insbesondere die Bastion beim **Ostgarten** wurde so geschickt mit bepflanzten und skulpturengeschmückten Terrassen und einem Rundweg mit Rampen und Treppen versehen, dass viele Besucher gar nicht anders können, als eine Runde um diesen Gartenteil zu drehen. Zwischen den beiden Laubengängen warten ein Dutzend von **Johann Peter Wagner** (1730–1809) geschaffene Putten auf Bewunderer. Auch die meisten Vasen, Pflanzschalen und sonstigen Plastiken im Hofgarten sind sein Werk. Am höchsten Punkt des Umwegs angekommen, bietet sich ein **wundervoller Blick** auf die Ostfassade der Residenz und darüber hinweg Richtung Altstadt.

Der **Südgarten** ist eine streng geometrisch angelegte Parklandschaft mit einem imposanten **Brunnen** im Zentrum. Unmittelbar westlich daneben lädt ein Landschaftsgarten südlich des Gesandtenbaus zu Spaziergängen durch vielfältigste Fauna ein.

Wie im Ostgarten sind die meisten der hier zahlreich vertretenen Steinplastiken – freche Faune, neckische Pane und Allegorien aller Art – ebenfalls Werke von Johann Peter Wagner. Nach ihm ist auch das Museum im Südflügel des Residenz-Hauptbaus benannt.

In frostigen Wintern frieren die beiden großen **Brunnen** im Hofgarten sehr malerisch zu – ein tolles Fotomotiv auf einem an großartigen Eindrücken ohnehin nicht armen Gelände! Ein kleines **Residenz-Tastmodell** befindet sich vor dem schmiedeeisernen Tor am Eingang zum Südgarten neben dem Restaurant B. Neumann (s. S. 78).

› Residenzplatz, www.residenz-wuerzburg.de (mit Erläuterung zu allen begehbaren Räumen), geöffnet: tägl. 9–18, Kassenschluss 17.15 (Nov.–März 10–16.30, Kassenschluss 16 Uhr), Eintritt inklusive Führung: 9 € (ermäßigt 8 €, unter 18 Jahren frei), Start der Führungen alle 20 bzw. 30 (Nov.–März) Minuten, Start der letzten Führung 1 Stunde vor Schließung. Englischsprachige Führungen tägl. 11 und 15 Uhr. Der Eintritt in die Hofkirche 2 und den Hofgarten ist frei (Hofgarten tägl. bis zum Einbruch der Dunkelheit geöffnet, maximal bis 20 Uhr). Die Residenz ist geschlossen am 1. Januar, Faschingsdienstag sowie am 24., 25. und 31. Dezember.

Im Ostgarten der Residenz

024wb-js

KURZ & KNAPP

Frankoniabrunnen

025wb-js

Am monumentalen Barockbrunnen auf dem Residenzvorplatz können Besucher **drei der kreativsten Köpfe** der Würzburger Stadtgeschichte treffen: Bronzefiguren von Walther von der Vogelweide (mit Laute), Tilman Riemenschneider (schnitzend) und Matthias Grünewald (mit etwas, das aussieht wie ein großes Tablet) schmücken die 8 Meter hohe Anlage. Als Geschenk der Bürger der Region an den gebürtigen Würzburger und bayerischen Prinzregenten Luitpold wurde sie am 3. Juni 1894 feierlich enthüllt.

Das Brunnenbecken beeindruckt mit einem **Durchmesser von 10 Metern.** In seiner Mitte befindet sich ein wuchtiger Pfeiler, um den die Figuren der drei Würzburger Künstler-Heroen sitzen. Zwischen ihnen speien Fabelwesen Wasser in große Muschelschalen, aus denen es nach unten in das große Becken weitergegeben wird.

Markantester Hingucker des Aufbaus ist die überlebensgroße Darstellung der **Frankonia** hoch oben auf dem Pfeiler. Richtung Innenstadt blickend, hält die selbstbewusste weibliche Symbolgestalt Frankens einen Lorbeerkranz und das sogenannte Rennfähnlein (s. S. 103) in ihren Händen. Unter der Figur befinden sich die Wappen Frankens und Würzburgs und ein Rundbild des Prinzregenten.

Feiner Zug des so Beschenkten: Nur ein Jahr später revanchierte sich Prinzregent Luitpold bei seinen Würzburgern und stiftete den prächtigen Kiliansbrunnen (20) auf dem Bahnhofsvorplatz.

KURZ & KNAPP

Widersprüchliche Eindrücke

„Das bischöfliche Residenzschloß zeichnet sich unter den Häusern aus. Es ist lang und hoch. Schön kann man es wohl nicht nennen", schrieb der berühmte preußische Dichter und Publizist **Heinrich von Kleist** (1777–1811) im Jahr 1800 in einem Brief an seine Verlobte.

Fürst Hermann von Pückler-Muskau (1785–1871) ging mit der Sehenswürdigkeit gnädiger um, als er 1834 notierte: „... besuchte ich den Schlossgarten, und dieser sowie die Pracht und Größe der Residenz versetzten mich in Staunen und einen wahren Enthusiasmus, denn ich ahnte gar nicht etwas Ähnliches hier zu finden."

Als Schiedsrichter könnte die **UNESCO** herhalten. In der Begründung zur Aufnahme der Residenz in die Welterbeliste 1981 heißt es laut offizieller Website des Schlosses:

„... wird die Würzburger Residenz als das einheitlichste und außergewöhnlichste aller Barockschlösser betrachtet und veranschaulicht einen der strahlendsten Fürstenhöfe Europas. Sie ist einzigartig durch ihre Originalität, ihr ehrgeiziges Bauprogramm und die internationale Zusammensetzung des Baubüros. Die Residenz ist ein Beispiel für das Zusammenwirken von Künstlern aus den kulturell wichtigsten Ländern Europas, eine Synthese des europäischen Barock ..."

2 Hofkirche ★ [E4]

Das Innere der kleinen, unauffällig in das Residenz-Hauptgebäude 1 integrierten Hofkirche stellt einen der bemerkenswertesten Sakralräume des 18. Jahrhunderts dar.

Balthasar Neumann (s. S. 17) sah sich bei der Bauplanung der 1743 geweihten Hofkirche mit einigen speziellen Herausforderungen konfrontiert. Beispielsweise sollte sie **von außen nicht als Kirche erkennbar** sein. Nachdem klar war, dass sie im südwestlichen Ecktrakt der Residenz verortet werden würde, musste geklärt werden, wie damit umzugehen war, dass ein ungewöhnlich schmaler Bau als Kirche fungieren sollte und dass an der linken Seite die Lichtquelle fehlen würde. Neumann bewältigte alle Schwierigkeiten jedoch bravourös und die Hofkirche gehört heute zu den Glanzpunkten einer Residenz-Besichtigung.

Die längliche Form des Raums wurde geschickt mit perfekt platzierten Säulen und Emporen kaschiert. Die fensterlose Seite ließen Neumann und Co. mit Spiegeln versehen, die durch Lichtreflexion fast wie Fenster funktionieren.

Farblich ist die Kirche in Altrosa und Gold gehalten. Antonio Bossi setzte tüchtig Stuckmarmor ein und die Seitenaltäre bemalte kein geringerer als Tiepolo! Rechts ist der Sturz Luzifers dargestellt, links die Himmelfahrt Mariens. Flankiert werden die Altarbilder von Marmorskulpturen van der Auveras. Bei der Gestaltung des Kirchen-Innenraums wirkten also **dieselben drei Genies** zusammen wie bei Treppenhaus und Kaisersaal

Von der Bauwut befallen: die Schönborn-Bischöfe im 17. und 18. Jahrhundert

Neben den unter Julius Echter (s. S. 53) im 16. Jahrhundert entstandenen Großbauten, z. B. Juliusspital 17 und Alte Universität 4, sind es vor allem die Bauprojekte der drei Schönbornbischöfe, die das Antlitz Würzburgs bis heute maßgeblich prägen:

Johann Philipp Franz von Schönborn (1673–1724) war ab 1719 Fürstbischof und initiierte den Bau der Residenz, der unter seinem Bruder, **Friedrich Karl von Schönborn** (1674–1746), erfolgreich abgeschlossen wurde. Letzterer war in Personalunion auch Fürstbischof von Bamberg, eine Konstellation, die ab 1617 recht regelmäßig vorkam. Der dritte Schönborn-Bischof, **Johann Philipp von Schönborn** (1605–1673), lebte vor diesen beiden und trat das hohe Amt bereits 1642 an, also noch vor dem Ende des Dreißigjährigen Krieges. Er machte sich sehr um die Bautätigkeit in Mainz verdient, wo er ab 1647 als Erzbischof und Kurfürst fungierte. In die Geschichte ging Johann Philipp auch wegen seines Wissens und seiner Weisheit ein.

In Würzburg ließ der „Deutsche Salomo“ die Festung 22 verstärken und legte 1670 den Grundstein für die Kirche Stift Haug 19 – dem ersten großen Kirchenbau der Barockzeit in Franken. Das bereits 1660 von ihm etablierte Gymnasium in Münnerstadt, einer Kleinstadt in der fränkischen Vorrhön 60 km nordöstlich von Würzburg, trägt seinen Namen. Gleich zu Beginn seiner Regierungszeit wurde die „Würzburger Hofbräu“ gegründet, heute die einzige große Brauerei im Stadtgebiet.

(s. S. 22). Die Deckenfresken der Hofkirche stammen allerdings von dem Schweizer Künstler Johann Rudolf Byss (1660–1738). Anders als Tiepolos Arbeiten fielen die Gemälde von Byss den Spätfolgen des Bombenangriffs 1945 (s. S. 102) zum Opfer und mussten mühsam rekonstruiert werden.

Eine weitere Besonderheit der Hofkirche ist, dass der Fürstbischof den oberen Altar direkt aus seiner Wohnung erreichte. Und noch ein bemerkenswertes Detail: Die **frühklassizistische Kanzel** von Materno Bossi, einem Neffen Antonio Bossis, ist mit Köpfen verziert, die alle damals bekannten Kontinente symbolisieren. Können Sie alle vier Köpfe zuordnen?

› Die Hofkirche ist über einen separaten Eingang von der Vorderseite der Residenz her zugänglich (vom Frankoniabrunnen aus gesehen rechter Trakt), der Eintritt ist frei. Die Öffnungszeiten entsprechen grundsätzlich denen der Residenz 1, mit der Abweichung, dass die Winter-Öffnungszeiten bereits im Oktober gelten.

3 Kirche St. Michael ★ [E5]

Die Jesuiten ließen ab 1765 die Michaelskirche als ersten frühklassizistischen Großbau Würzburgs errichten. Ihre Sandsteinfassade ist der größte Hingucker an der Ecke Balthasar-Neumann-Promenade/Neubaustraße.

Die dem Erzengel Michael geweihte Kirche gehört zum nur einen Steinwurf entfernten **Priesterseminar.** Frisch geweihte Priester feiern in dem innen weiß gestalteten Gotteshaus traditionell ihre Dankandacht.

Sehenswert ist die aus roten und gelben Sandsteinblöcken gesetzte **Fassade**. Figuren und andere Schmuckelemente heben sich durch ihre leuchtend weiße Farbe ab. So wird z. B. das Hauptportal von jeweils zwei schlanken Säulen flankiert, über denen sich Statuen der Jesuitenheiligen Ignatius von Loyola und Franz Xaver erheben. Der **Dreiecksgiebel** zeigt das Auge Gottes, umgeben von Engeln in Wolken und goldenen Strahlen.

Rechts neben der Kirche befindet sich das **Lokal Sankt Michael** mit kleinem Außenbereich.

› Domerschulstraße 18 (unscheinbare Eingangstür), geöffnet: tägl. 8–16 Uhr (gelegentlich länger)

4 Alte Universität und Neubaukirche ★★ [D5]

Den eindrucksvollen Bau aus dem 16. Jahrhundert sucht man seines herrlichen Innenhofs wegen auf – oder um an einer der ältesten deutschen Universitäten Jura zu studieren.

Großes hatte Julius Echter von Mespelbrunn (s. S. 53) für den Jahresanfang 1582 vor: Der selbstbewusste Fürstbischof hatte sich in seinem gegenreformatorischen Ehrgeiz die **Neugründung** der bereits Anfang des 15. Jh. für kurze Zeit bestehenden Würzburger Universität („Hohe Schule") in den Kopf gesetzt.

Dafür waren zuallererst entsprechende Räumlichkeiten nötig. Klar war, dass die Studenten der Medizin im ebenfalls von Julius Echter initiierten Juliusspital 17 unterrichtet werden sollten. Aber wohin mit den Theologen, Philosophen und Juristen?

Gelöst wurde die Herausforderung mit der Errichtung eines vierflügeligen Kolleggebäudes, das so groß wie ein ganzer Häuserblock ist. Die tüchtige Vermengung von spätgotischen

und Renaissance-Elementen ist kennzeichnendes Merkmal des sogenannten **Julius-Stils.**

Heute beherbergt der schmucke gelb-rote Bau „nur“ noch die Einrichtungen der Juristischen Fakultät, darunter eine große Bibliothek, Hörsäle und Seminarräume. Der Verfasser dieser Zeilen hat dort jahrelang viel Zeit zugebracht.

Für Besucher am interessantesten sind der eindrucksvolle **Innenhof** der Anlage und die diesen nach Süden hin abschließende **Neubaukirche.**

Innenhof

Der malerische Innenhof der Alten Universität wird über das einladende Renaissance-Tor in der Domerschulstraße [D4] betreten. Über dem Portal fällt ein in den 1580er-Jahren geschaffenes, ausdrucksstarkes **Relief** mit vielen Einzelpersonen auf.

Es handelt sich primär um eine Darstellung der Bibelstelle Ausgießung des Heiligen Geistes über Maria und die Apostel. Von falscher Bescheidenheit ungebremst, ließ sich der Universitätsstifter im Vordergrund knieend mit abbilden. Dazu gesellen sich allegorische Darstellungen von Wissenschaft und Fleiß.

Als besonders gelungenes Renaissance-Geviert verwöhnt der gepflasterte Innenhof das Auge architektonisch interessierter Besucher. Ein hübscher Blickfang ist der **Brunnen** mitten im Hof. Er existierte schon vor der Errichtung des ihn umgebenden Bauwerks. 1955 wurde er mit einem runden Aufbau aus Muschelkalk versehen. Umlaufende Szenen und ein erläuternder Text erinnern an die Gründung von Würzburgs Alma Mater 1582, ihre Zerstörung 1945 und den erfolgreichen Wiederaufbau.

› Der Innenhof der Alten Universität ist Mo.–Fr. 7–20 Uhr (in der vorlesungsfreien Zeit 7–18.30 Uhr) öffentlich zugänglich.

Relief über dem Eingang zum Innenhof der Alten Universität 4

Neubaukirche

Der auch Universitätskirche genannte rote Sakralbau ist eine Kirche der Superlative, denn ihr 91 Meter hoher Kirchturm ist der höchste Kirchturm Würzburgs.

Abgesehen davon gilt sie als einer der bedeutendsten Kirchenbauten der deutschen Renaissance. Zu Recht stolz sind die Würzburger außerdem auf das im Turm untergebrachte **Carillon**.

Wie das ganze Ensemble Alte Universität geht auch die Errichtung der Neubaukirche auf die Initiative Julius Echters (s. S. 53) zurück. Eine Lehranstalt ohne ein dazugehöriges eindrucksvolles Gotteshaus war für den eifrigen Katholiken nicht vorstellbar. Auch die Kirche weist die für Echters Zeit typische Kombination von spätgotischen und Renaissance-Elementen (Julius-Stil) auf.

Für die Bauleitung verpflichtete man mit dem Mainzer Hofbaumeister **Georg Robin** (1522–1592) denselben Architekten, der auch das Juliusspital (17) errichtete. Nach nur fünf Jahren Bauzeit konnte der Rotsandsteinbau bereits 1591 eingeweiht werden. Der noch für viele andere Bauwerke Würzburgs verantwortliche Italo-Franke **Antonio Petrini** (1621–1701) leitete 100 Jahre später die Errichtung des markanten Kirchturms in barockem Stil.

Auf dem Turm wurde 2005 ein **Carillon** installiert, also ein großes melodiöses Glockenspiel. Zwei Infotafeln dazu findet man im Innenhof. Bedient werden seine 51 Glocken über eine spezielle Tastatur. Die größte Glocke hat ein Gewicht von 635 kg und ist mit dem Wappen der Universität verziert, die kleinste wiegt nur ca. 4 kg. Es gibt eigens für dieses ungewöhnliche Instrument komponierte Stücke. In Würzburg beschäftigt man zur ordnungsgemäßen Bespielung des Turmglockenspiels einen ausgebildeten Carilloneur. Im Sommerhalbjahr finden regelmäßig mittwochs um 17.30 Uhr **kurze öffentliche Carillon-Konzerte** statt (weiterführende Infos: www.musikwissenschaft.uni-wuerzburg.de/musikpraxis/carillon, mit Hörbeispielen und einem kurzen Filmbeitrag).

Neubaukirche und Innenhof werden vor allem für Veranstaltungen der Universität genutzt. Es finden keine Gottesdienste mehr statt und das nüchtern eingerichtete Kircheninnere steht Interessierten nur zu besonderen Anlässen offen.

› Domerschulstraße 16

KURZ & KNAPP

Name und Siegel der Universität Würzburg

Der erste Namensbestandteil der „Julius-Maximilians-Universität Würzburg" (JMU) ehrt ihren Stifter Julius Echter von Mespelbrunn (s. S. 53), der zweite den bayerischen Kurfürsten und späteren König Maximilian I. Joseph.

Das **große Universitätssiegel** weist das Jahr 1583 aus, da es erst ein Jahr nach der offiziellen Neugründung der Universität fertig wurde. Ansonsten sind auf dem Siegel die umlaufenden Worte SIGILLUM UNIVERSITATIS HERBIPOLENSIS, also „Siegel der Universität Würzburg", und eine szenische Darstellung mit drei Personen unter einem festlichen Baldachin zu erkennen: Links thront Maria mit Kind als Zeichen des Marienpatronats und rechts mutmaßlich der heilige Kilian (s. S. 35). Im unteren Teil schließt sich das landesherrliche Familienwappen mit fränkischem Rechen, Sturmfahne des Hochstifts Würzburg (s. S. 103) und dem Familienwappen Julius Echters an.

Neuere Universitätsgebäude

Stetig steigende Studentenzahlen bewogen die Würzburger Ende des 19. Jahrhunderts zur Errichtung der **„Neuen Universität“** am Sanderring [E6] knapp innerhalb des Ringparks. Die breite Fassade des 1896 fertiggestellten neubarocken Baus wird von der Skulptur eines kräftigen bärtigen Prometheus gekrönt, der den Menschen das Feuer und den Studenten – hoffentlich – die Fackel der Erkenntnis bringt. Die Fassade wird von zwei Büsten geschmückt, die den Universitätsgründer Fürstbischof Julius Echter und den bayerischen Prinzregenten Luitpold von Bayern darstellen.

Im Inneren beeindruckt der helle und weite Lichthof in der Gebäudemitte – sparsam dekoriert mit Plastiken in Nischen an den hohen Wänden und anderen Kunstgegenständen (siehe Foto).

Ein kleiner Geheimtipp für Preisbewusste ist die Cafeteria (Mo.–Fr. geöffnet).

Für viele Würzburger Studenten spielt heute weder die Alte noch die Neue Universität eine große Rolle. Denn sie studieren auf dem Campus der ab den 1960er-Jahren errichteten **„Universität am Hubland“**. Dieses auf einer Anhöhe östlich der Innenstadt gelegene Areal wird sukzessive erweitert, z. B. kam 2011 der auf einem ehemaligen US-Militärstützpunkt gelegene, fast 40 Hektar große **„Campus Nord“** dazu. Eigentlich ist die „Neue Universität“ also die Mittlere.

Heute tragen rund 35.000 Studierende (Universität, Technische Hochschule Würzburg-Schweinfurt und Hochschule für Musik) aus aller Welt dazu bei, dass Würzburg ein akademischer Standort erster Güte bleibt.

027wb-js

5 Kirche St. Peter und Paul ★ [D5]

Die Petrus und Paulus geweihte Kirche am Peterplatz ist das bemerkenswerteste Gotteshaus der südlichen Innenstadt. Der Vorgängerbau entstand an derselben Stelle um 1100 als Pfarrkirche der noch außerhalb Würzburgs liegenden Vorstadt Sand. Kirchenkunstsinnige Besucher schätzen die **sauber gegliederte Fassade mit den vielen Heiligenfiguren**. Der Architekt Joseph Greising (1664–1721), Vertreter des fränkischen Barock, hatte um 1717 die Weisung erhalten, beim Neubau des Gotteshauses die beiden bereits bestehenden romanischen Türme aus dem 12. Jahrhundert und den gotischen Chorbau aus dem 14. Jahrhundert mit einzubeziehen.

Er löste die Aufgabe, indem er zwischen die ca. 40 m hohen Kirchtürme und den Chor ein dreischiffiges **Langhaus** und vor die Türme eine seiner Zeit angemessene, üppig dekorierte zweifarbige **Fassade** setzen ließ. Diese folgt dem Schema des sogenannten Römischen Barock. Auf drei Etagen stehen Heiligenstatuen in Nischen.

Im Innern fällt die in der Mitte des 18. Jahrhunderts von Johann Wolfgang van der Auvera und Antonio Bossi (s. S. 32) in prächtigstem Rokoko ausgeführte Kanzel auf.

Die Kirche dient mehreren in Würzburg sehr erfolgreichen Künstlern als letzte Ruhestätte, darunter dem Hofschlosser und „König der Schmiede" Johann Georg Oegg (s. S. 32) und den berühmten italienischen Spitzen-Stuckateuren Antonio Giuseppe Bossi (s. S. 32) und Materno Bossi (ca. 1739–1802).

› Peterplatz, geöffnet: tägl. 9–18 Uhr

MEIN TIPP

Würzburgs Ringpark

Der Ringpark folgt dem Verlauf der ehemaligen Stadtbefestigung aus der Barockzeit in einem weiten Bogen um die komplette Altstadt. Wer ihn komplett durchwandert, trifft auf unterschiedlichste Denkmäler, mehrere Kinderspielplätze und die hübsche Parkanlage **Klein-Nizza** [F5].

Abstecher zu weiteren Kirchen

Wenige Schritte westwärts von St. Peter und Paul 5 befindet sich **St. Stephan**, die evangelisch-lutherische Hauptkirche Würzburgs, ein lichter Saalbau mit romanischen Wurzeln und sehenswerten Stuckarbeiten Materno Bossis.

ii1 [E5] **St. Stephan,** Wilhelm-Schwinn-Platz, www.wuerzburg-ststephan.de, geöffnet: tägl. 9–17 Uhr

Wer von St. Peter und Paul 5 durch die Malergasse spaziert, erreicht die **Reuererkirche** (auch: Karmelitenkirche) an der Sanderstraße [D5–6]. Ab 1662 von Antonio Petrini in der damaligen Sandervorstadt errichtet, gilt die außen in Gelb und Weiß gehaltene Klosterkirche als **älteste Barockkirche Frankens.** Die etwas sonderbare Bezeichnung geht auf den Vorgängerbau, die Kirche des Reuerinnenklosters, zurück. Reuerinnen hießen die Damen, weil sie dem im 13. Jahrhundert sehr populären Orden der Büßenden (also bereuenden) Schwestern angehörten.

ii2 [D6] **Reuererkirche,** Sanderstraße 12, Tel. 354320 (Karmelitenkloster), www.reuerer.de

Die Neue Universität leistet sich einen imposanten Lichthof

Weltklasse-Baumeister und geniale Künstler

Auftraggeber größerer Projekte waren meist die **Fürstbischöfe,** hin und wieder aber auch Privatpersonen oder die gesamte Bürgerschaft, die ihr wachsendes Selbstbewusstsein gerne mit der Errichtung eindrucksvoller Gebäude und der Stiftung von Kunstwerken dokumentierte. Wer sich mit Würzburgs Baugeschichte befasst, stößt immer wieder auf die Namen bestimmter Baumeister, Innenarchitekten und bildender Künstler, die der Stadt ihr Gesicht gaben. Hier eine chronologische Aufzählung von in Würzburg besonders fleißigen Schöpfern großartiger Kunst:

- **Tilman Riemenschneider,** Skulpteur, 1460–1531 (s. S. 42)
- Der italo-fränkische Baumeister **Antonio Petrini** (1621–1701) gilt als „Erfinder" des fränkischen Barocks. Unter seiner Leitung entstanden in Würzburg unter anderem die Karmelitenkirche (Reuererkirche s. S. 31) und Stift Haug 19.
- **Balthasar Neumann,** Baumeister, 1687–1753 (s. S. 17)
- **Giovanni Battista Tiepolo,** Freskenmaler, 1696–1770 (s. S. 21)
- Neben dem Meister-Maler Tiepolo konnte noch ein Genie der Würzburger Residenz 1 seinen Stempel aufdrücken. Der gebürtige Lombarde **Antonio Giuseppe Bossi** (1699–1764) galt als einer der besten Stuckateure und Innenarchitekten seiner Zeit. Gemeinsam mit dem Bildhauer Johann Wolfgang van der Auvera (s. rechts) und dem Kunstschreiner und Dekorationsschnitzer Ferdinand Hundt (1703–1758) darf er nach Einschätzung vieler Kunsthistoriker sogar als Schöpfer des „Würzburger Rokoko" angesehen werden. Unbestritten ist der stilprägende Charakter von Bossis Werken. Auch seine Neffen Lodovico und Materno arbeiteten als Stuckateure.
- Der aus Silz in Tirol stammende **Johann Georg Oegg** (1703–1782) gilt als König der Rokoko-Kunstschmiede. Als fürstbischöflicher Hofschlosser verantwortete er alle wichtigen Schmiedearbeiten in und um die Würzburger Residenz. Eine Spezialität des Künstlers waren große, mit metallenen Blüten versehene schmiedeeiserne Tore. Beispiele dafür sind die Gittertore zum Hofgarten der Residenz (s. S. 23). Fürstbischof Friedrich Karl von Schönborn berief den Tiroler 1733 an den Würzburger Hof. Die Arbeiten an der Residenz waren so umfangreich und aufwendig, dass Oeggs Werkstatt 1739 sage und schreibe 26 Gesellen beschäftigt haben soll. Ungeheuer prächtig muss das mächtige Eisengitter des Ehrenhofabschlusses gewesen sein, das seit 1821 verschollen ist. Links neben dem von ihm gestalteten Eingang zum Ostgarten der Residenz steht seit 1952 eine große Bronzeplastik des Kunstschmieds.
- **Johann Peter Wagner** (1730–1809) ist der Hauptvertreter der Rokokoplastik in Mainfranken. Viele seiner Skulpturen stehen im Hofgarten der Residenz (s. S. 23) und im Rokokogarten von Veitshöchheim 29.
- Ein halbes Dutzend Mitglieder der Bildhauerfamilie **van der Auvera** war im 17. und 18. Jh. in Würzburg aktiv, darunter Johann Wolfgang van der Auvera (1708–1756). Miterfinder des fränkischen Rokoko und hauptverantwortlich für die Residenz-Innendekoration.

Mittendrin: Dom und Umgebung

Im Zentrum der historischen Altstadt prunkt nicht nur der Dom, sondern auch die benachbarte und ebenso sehenswerte Stiftskirche Neumünster 8. Unter dem Neumünster kann die Kiliansgruft, angelegt zu Ehren der drei legendären Frankenapostel, besichtigt werden.

Weitere Sehenswürdigkeiten der unmittelbaren Umgebung sind die gepflasterte Domstraße 9 und originell gestaltete kleine Plätze wie der Kiliansplatz 7 und der Sternplatz.

6 Dom St. Kilian ★★★ [D4]

Der Würzburger Dom steht mitten im Zentrum der Altstadt. Mit 105 m Länge ist er einer der größten romanischen Sakralbauten Deutschlands. Vor fast 1000 Jahren errichtet, erhielt die Bischofskirche ihre heutige Gestalt beim Wiederaufbau in den 1950er- und 1960er-Jahren. Die neue Fassade ist noch jüngeren Datums.

Aufgrund der Bebauung rundherum wirkt der Kiliansdom von außen weit weniger imposant als er mit Blick auf seine Dimensionen tatsächlich ist. In seinem Innern erfreut er Besucher mit grandioser Kirchenkunst erster Güte – inklusive Arbeiten des berühmten Skulpteurs Tilman Riemenschneider (s. S. 42).

Der erste Würzburger Dom wurde an der Stelle des heutigen Neumünsters 8 um 787 geweiht. Dieser Bau zählte zu den größten Kirchenbauten seiner Epoche.

Der Baubeginn des heutigen Doms fällt mit dem **Jahr 1040** in die Herrschaftszeit der Salier-Kaiser, also eine Ära, in der die europäische Geschichte aus heutiger Sicht den Übergang vom Früh- zum Hochmittelalter vollzog. Erster Bauherr war Bischof Bruno. Vollendet wurde der Kiliansdom unter Bischof Adalbero im Jahr 1075. Gestalterisch hatte man sich tüchtig vom 1061 geweihten Dom zu Speyer inspirieren lassen.

In den folgenden Jahrhunderten wurde die Bischofskirche vielfach im Stil und nach dem Geschmack der jeweiligen Epoche umgestaltet und erweitert. Beispielsweise ließ man die Türme erhöhen und den Chor mit einem Tonnengewölbe überspannen.

Im 18. Jh. wurde das Kircheninnere barockisiert und Balthasar Neumann (s. S. 17) baute die schmucke **Schönbornkapelle** (s. S. 34) an den nördlichen Querarm.

Der **Wiederaufbau** nach der Zerstörung 1945 (s. S. 102) zog sich jahrzehntelang hin. Zu Beginn des neuen Jahrtausends legte man die neoromanische Westfassade mit Fensterrose, dreigliedriger Galerie und die Uhrenöffnung frei. Außerdem erhielt

KURZ & KNAPP

Daten und Fakten

Baubeginn: 1040
Grundform: kreuzförmige Basilika
Länge: 105 m
Breite: 58 m (Länge des Querhauses)
Höhe der Türme: 62 m (Westfassade)
Höhe Hauptschiff: 23 m
Sitzplätze: ca. 1000
Domglocken: 20
Orgelpfeifen der Hauptorgel: 6652
Vorgängerbauten: Ende des 8. und Mitte des 9. Jahrhunderts errichtet
Letzte umfassende Renovierung des Innenraums: 2011–2012
Schutz-Patron des Doms: St. Kilian
Co-Patrone: St. Kolonat und St. Totnan
Patrozinium: 8. Juli

029wb-js

der Dom einen hellen Außenanstrich, der sich an der ursprünglichen Farbgebung orientiert.

Eine Folge des Wiederaufbaus ist, dass das Innere des Kiliansdoms weit moderner wirkt, als es Freunde sakraler Bauwerke von anderen romanischen Kirchenbauten gewohnt sind.

Besonders sehenswert sind das sogenannte **Merowingerkreuz** in der Domkrypta und der von Tilman Riemenschneider geschaffene marmorne **Epitaphaltar für Rudolf II. von Scherenberg** (ca. 1401–1495). Dem Bildhauer ist es meisterhaft gelungen, die Gesichtszüge des greisen Fürstbischofs in seltener Perfektion darzustellen. Auch das **Grabmal Lorenz von Bibras** stammt aus der Werkstatt Tilman Riemenschneiders. Beide befinden sich etwa in der Mitte des Hauptschiffes auf der linken Seite.

Während der Kiliani-Oktav (Woche um den 8. Juli) wird der Bergkristall-Schrein mit den **Schädeln** der Märtyrer Kilian, Kolonat und Totnan (s. S. 35) ausgestellt. Den Rest des Jahres verbringt das kostbare Behältnis im Altar des Doms.

Eine Besonderheit der unter dem Chor liegenden **Krypta** aus der zweiten Hälfte des 9. Jh. ist der erhaltene Ziehbrunnen (St.-Veits-Brunnen).

Das insgesamt 26 Tonnen schwere **Geläut** des Kiliansdoms ist eines der größten in Deutschland.

Würzburgs **Domschatz** ist im Dom zu besichtigen: einfach hineinspazieren und rechts halten. Ausstellungsschwerpunkt ist **Kirchenkunst aus mehr als einem Jahrtausend.** Zu den ältesten Exponaten zählen bronzene Löwenkopf-Türzieher aus der Zeit um 1040.

› www.domschatz.bistum-wuerzburg.de, Tel. 38665600, Öffnungszeiten Domschatz: Mo.–Sa. 13–17 Uhr, So. und feiertags 13–17 Uhr, Eintritt 3 € (ermäßigt 2 €), Kombiticket Domschatz und Museum am Dom (s. S. 72) 5 € (erm. 4,50 €), Gruppenführungen möglich (Dauer ca. 1 Std., Details s. Website)

Schönbornkapelle

In der ersten Hälfte des 18. Jahrhunderts wurde der Kiliansdom an seinem nördlichen Querarm nach Plänen Balthasar Neumanns um einen schmucken Kapellenanbau ergänzt. Er diente den Schönborn-Bischöfen als **Grablege.** Da die Kapelle von der Residenz aus gesehen werden kann, gemahnte sie die hohen Herren dort möglicherweise an ihre eigene Vergänglichkeit. Auch eine bayerische Prinzessin liegt hier begraben: eine 1817 im Säuglingsalter verstorbene Schwester des Prinzregenten Luitpold.

Fassade des Würzburger Doms 6

KURZ & KNAPP

Kurzfassung der Kilianslegende

Der iro-schottische Missionar Kilian bemühte sich ab ca. 686 um die Bekehrung der heidnischen Mainfranken. Dabei war er recht erfolgreich und auch Herzog Gosbert ließ sich vom neuen Glauben überzeugen. Dann beging der fromme Kilian einen strategischen Fehler: Er empfahl dem Herzog, sich von seiner Gattin Gailana zu trennen, da diese die Witwe von Gosberts verstorbenem Bruder war. Gailana war überhaupt nicht einverstanden und ließ den Missionar im Jahr 689 mitsamt seinen Begleitern Kolonat und Totnan umbringen. An der Stelle des heutigen Neumünsters 8 wurden sie im Pferdestall des Herzoghofs verscharrt.

Die mörderische Legende bildet den Kern des etwa 100 Jahre später aufkommenden Kiliankults. Kilian und seine beiden Kompagnons werden seitdem als Märtyrer verehrt. Ihre Gebeine wurden zehn Jahre nach Gründung des Bistums Würzburg 742 geborgen und später auf Kiliansdom 6 (Schädel) und Neumünster 8 (restliche Reliquien) verteilt. Der heilige Kilian wird von Gläubigen gerne bei Augenleiden, Gicht und Rheumatismus um Hilfe gebeten.

Sowohl **Kuppelfresko** als auch **Altarbild** stammen von Johann Rudolf Byss (1660–1738), also dem Maler, der auch die Fresken der Hofkirche 2 in der Residenz fertigte.

Die Kapelle besteht bautechnisch betrachtet aus einem runden mittleren und zwei ovalen seitlich angeordneten Räumen. Die **barocke Ornamentik** an der Außenfassade zeigt auch Totenköpfe. Kunstschmiedemeister Johann Georg Oegg (s. S. 32) verantwortete die Gitter am Hauptportal und an den Durchgängen zum Dom.

Die Schönbornkapelle kann nur im Rahmen von geführten Touren besichtigt werden.

- **Dominfo Würzburg,** Domstraße 40 (auf dem Domplatz vor dem Eingangsportal rechts), www.dom-wuerzburg.de (mit virtuellem Rundgang), Tel. 38662900, Öffnungszeiten Dominfo: Mo.–Sa. 9.30–17.30 Uhr. Einstündige öffentliche Dom-Führung vom Dienstag nach Ostern bis 31. Oktober Mo.–Sa. 12.30, So./Fei. 14 Uhr. Tickets in der Dominfo (sonn- und feiertags direkt beim Domführer), Kosten: 5 €, bis 15 Jahre frei. Treffpunkt ist der große siebenarmige Leuchter im Inneren des Doms. Gruppen- und spezielle Themenführungen sind möglich, außerdem Führungen in Fremdsprachen und für hör- und sehbehinderte Menschen (Details siehe Website).
- **Gut zu wissen:** Die Dominfo am Domvorplatz ist die barrierefreie Anlaufstelle für alle Fragen rund um den Dom und Führungen in Dom und Neumünster 8. Außerdem Verkauf kirchlicher Souvenirs und Medien.
- **Tipp:** Die gewaltige **Domorgel** erklingt von Ostern bis Ende Oktober Mo.–Sa. immer um 12.05 Uhr für etwa eine Viertelstunde (Orgel-Impuls „5 nach 12").

7 Kiliansplatz ★ [D4]

Der kleine Kiliansplatz liegt genau zwischen den Top-Sehenswürdigkeiten Dom 6 und Neumünster 8. Touristisch bedeutsam ist er wegen der vielen hier versammelten **Kunstwerke:** einige an den Fassaden der beiden benachbarten Gotteshäuser, andere mitten auf dem Platz oder an seinem Rand.

Am auffälligsten sind die freistehenden Skulpturen und das Tastmodell des Doms. Die beiden vielleicht

ungewöhnlichsten Plastiken auf dem Kiliansplatz sind die fünf Meter hoch aufragende rostige Stahlskulptur „Auferstehender und Fallender“ (2003) des Chemnitzers Michael Morgner und die mannshohe Bronzefigur „Der große Sitzende“ (2004, s. Foto S. 72) von Maria Lehnen.

An der Außenwand des Doms 6 befindet sich eine Kopie der aus rotem Sandstein gefertigten **Grabplatte Tilman Riemenschneiders** aus dem Jahr 1531. Das Original kann im Museum für Franken auf der Festung Marienberg 22 besichtigt werden. Die Platte zeigt ein von seinem Sohn Jörg geschaffenes Relief Tilmans in Lebensgröße. Die konsequent auf das Wesentliche konzentrierte **Umschrift** lautet:

„Anno Domini MDXXXI am abent Kiliani starb der ersam und kunstreich Tilman Riemenschneider bildhauer, burger zu Würzburg, dem got gnedig sey. Amen.“

Ebenfalls an der Domwand zeigt die **bronzene Kilianspforte** des Würzburger Künstlers Otto Sonnleitner (1906–1985) Szenen aus dem bewegten Leben der drei Frankenapostel (s. S. 35). An der Westseite des Kiliansplatzes steht das Museum am Dom (s. S. 72). Eine Fußgängerpassage führt links daran vorbei auf den Domplatz.

In den **stattlichen Gebäuden** rund um den Kiliansplatz hinter dem Dom residierten früher die Domherren und zeitweise auch der Bischof in Stadtschlössern. Einige davon wurden nach der Zerstörung 1945 (s. S. 102) wieder aufgebaut. Sehr gut gelungen ist das z. B. beim Hof Conti (Bischöfliches Palais), Kardinal-Döpfner-Platz 5, seit 2004 wieder Sitz des Bischofs. Errichtet worden war der auffällige Renaissancebau von einem Neffen Julius Echters. In der Umgebung des Paradeplatzes sind auch heute noch viele katholische Einrichtungen angesiedelt.

8 Neumünster ★★★ [D4]

Populärste Sehenswürdigkeit in der Stiftskirche ist die Kiliansgruft mit Schrein. Insbesondere am Kilianstag (8. Juli) zieht es fromme Pilger zu dem gleich neben dem Würzburger Dom 6 stehenden Gotteshaus mit der mächtigen Kuppel.

Das Neumünster soll sich just an der Stelle befinden, wo im Jahr 689 der Stadtpatron Kilian (s. S. 35) und seine beiden Begleiter Kolonat und Totnan getötet und begraben wurden. Ihnen zu Ehren stand hier wohl schon Mitte des 8. Jahrhunderts eine hölzerne Kapelle, die noch vor der Jahrtausendwende durch ein Gebetshaus (Oratorium) abgelöst worden sein soll. Um 1060 gründete Bischof Adalbero dann zu Ehren Mari-

030wb-js

as den Kollegiatsstift Neumünster und ließ eine doppelstöckige Kirche errichten.

Ein **Kollegiatsstift** ist eine Gemeinschaft von Gläubigen, die an einer bestimmten Kirche, dem Stift, lebt und dort für dessen Gottesdienste zuständig ist. Sie unterscheidet sich von einem Orden unter anderem dadurch, dass die Mitglieder ihr Privatvermögen behalten und anders als Mönche auch kein Gelübde ablegen.

Die ursprüngliche Anlage wurde im Laufe der Jahrhunderte mehrfach verändert. Heute präsentiert sich das Neumünster als gefälliger **Mix aus Romanik und Barock.** Beispielsweise wird der schlanke achteckige Glockenturm der fränkischen Spätromanik zugeordnet, die weite achtseitige Kuppel der Zeit des Barock.

Wegen ihrer geschwungenen, von Joseph Greising (1664–1721) errichteten und zweifarbig gestalteten **Prachtfassade** verwechseln manche Besucher die altehrwürdige Stiftskirche mit dem Würzburger Dom. Von 1950 bis zum Abschluss des Wiederaufbaus des Kiliansdoms im Jahr 1967 und während der Dom-Renovierungsarbeiten 2011/2012 übernahm sie dessen Funktion auch tatsächlich.

Eine von zwei Seiten begehbare Freitreppe führt hinauf vor das Eingangsportal. Besucher durchschreiten es unter den Augen eines Trupps von überlebensgroßen Skulpturen, die zwischen kolossalen Säulen in Nischen und auf Podesten der konkaven, also nach innen gewölbten, Fassade stehen. Die von Jacob van der Auvera geschaffenen **Statuen** werden im Folgenden im Einzelnen beschrieben:

Da die Stiftskirche Johannes dem Täufer und dem Evangelisten Johannes geweiht ist, finden sich ihre Statuen direkt links (der Evangelist) und rechts (der Täufer) des Hauptportals. Im Mittelsegment darüber ist ein Relief zu Ehren Marias angebracht. In der obersten Etage kommen von links nach rechts Kolonat, Kilian, Christus, Bischof Burkard und Totnan zur Aufstellung.

Im **Innern der Kirche** sind die Altarbilder und die Kopien der von Tilman Riemenschneider (s. S. 42) Anfang des 16. Jahrhunderts geschaffenen und 1945 verbrannten Büsten der drei Frankenapostel besonders sehenswert. Vom selben Künstler gibt es noch eine Sandstein-Madonna (1493) und das Grabdenkmal des Benediktiner-Abts Johannes Trithemius (1462–1516) zu sehen.

Viele Legenden spinnen sich um ein **Kruzifix** aus dem 14. Jahrhundert, das Christus mit vom Kreuzbalken abgelösten und vor der Brust verschränkten Armen zeigt. Eine Sage weiß zu berichten, dass der Gekreuzigte sich während des Dreißigjährigen Krieges gegen einen diebischen Soldaten wehrte, indem er ihn solange festhielt, bis der Übeltäter festgenommen werden konnte.

Kiliansgruft

Die letzte Ruhestätte der gemeuchelten Apostel der Franken befindet sich unter dem Neumünster in einer stil- und würdevoll eingerichteten gewölbten Gruft.

Die Reliquien ruhen in einem in den 1980er-Jahren geschaffenen hausförmigen Bronze-Schrein. Verziert ist er mit Szenen aus dem Leben Jesu und dem der Märtyrer. Der moder-

◁ *Die geschwungene Prunkfassade der Stiftskirche Neumünster*

MEIN TIPP

Abstecher zum Lusamgärtchen

Das Gärtchen wird von der Ostseite des Neumünsters her betreten (Martinstraße). Baugeschichtlich handelt es sich um den Rest eines romanischen Kreuzgangs aus dem 12. Jahrhundert. Die Beschaulichkeit dieses stillen Winkels mit uralten, hübsch geformten Säulchen und zwei Reliefs aus der Stauferzeit lädt Besucher dazu ein, den Trubel der Würzburger Innenstadt für einen Moment zu vergessen.

Nicht zu übersehen ist der 1930 geschaffene Gedenkstein für den 700 Jahre zuvor hier ganz in der Nähe verstorbenen Minnesänger **Walther von der Vogelweide** (s. S. 40). Vier Vertiefungen auf dem wuchtigen Stein dienen als Vogeltränke. Es heißt, der berühmteste Sänger des Mittelalters habe tatsächlich als letzten Willen geäußert, dass seine letzte Ruhestätte Vögeln Wasser und Futter spenden soll. Nach alter Würzburger Überlieferung lindert es übrigens selbst den ärgsten Liebeskummer, wenn man rote Rosen auf das Monument legt.

•3 [D4] **Lusamgärtchen**

ne Schrein ruht auf dem Vorgänger-Behältnis, einem frühgotischen Kastenaltar mit runden Öffnungen von ca. 1250. Die Öffnungen sollen dazu gedient haben, den Kopf hineinzustecken. Die Gebeine sind nicht ganz komplett, denn die Schädel der Franken-Apostel befinden sich im Kiliansdom 6. An der rechten Wand steht ein steinerner Kilianssarg aus dem 8. Jahrhundert mit einer auf das 14.Jahrhundert datierten Umschrift. Der andere Sarg beinhaltet die Überreste von Würzburgs zweitem Bischof Megingaud (710–783) und ist mit der **ältesten Monumentalinschrift** Frankens nach der Römerzeit versehen.

Eine Bronzebüste erinnert an den 2011 seliggesprochenen Priester **Georg Häfner.** Er starb 1942 im Konzentrationslager Dachau an den Folgen von Misshandlungen. Seine Urne befindet sich ebenfalls in der Krypta.

In der Kiliansgruft kann auch der **älteste Brunnen** Würzburgs besichtigt werden. Als permanent wasserführender Brunnen genoss er in vorchristlicher Zeit hohe Verehrung. Es wird vermutet, dass hier eine frühe Taufkapelle stand. Laut **Kilianslegende** (s. S. 35) ist Herzog Gosbert von Kilian mit dem Wasser dieses Brunnens getauft worden. Das Wasser soll übrigens gegen Augenleiden und Unfruchtbarkeit helfen. Die gewölbte Brunnenfassung stammt aus dem 18. Jahrhundert.

› Kürschnerhof, Tel. 38662800, www.neumuenster-wuerzburg.de, geöffnet: Mo.–Sa. 6–18, So. und feiertags 7–18 Uhr. Besichtigungszeiten Mo.–Sa. 8–17, So. und feiertags 10–17 Uhr. Führungen auf Anfrage bei der Dominfo (s. S. 35). Das Neumünster ist über den nördlichen Seiteneingang zum Lusamgärtchen (s. links) hin barrierefrei zugänglich.

9 Domstraße und Sternplatz ★ [D4]

Würzburgs nur 250 m lange Domstraße verbindet den Kiliansdom 6 mit der Alten Mainbrücke 13. Abgesehen von der Straßenbahn herrscht hier kaum Verkehr, da die Domstraße auf voller Länge als Fußgängerzone ausgewiesen ist.

Auf halber Strecke verbreitert sie sich zum **Sternplatz.** Hier laden gleich mehrere Lokale dazu ein, bei einem Drink im Freien die Würzburger Flaneure an sich vorbeiziehen zu lassen. Der auffällige figürliche **Brunnen am Sternplatz** zeigt über einem flachen

031wb-js

sternförmigen Grundbau mehrere von Lothar Forster (1933–1990) gestaltete Bronzefiguren: eine Nymphe, einen Faun und eine Fischgruppe. Seitlich ergänzt ein kleiner Wasserspender mit Fischfigur das illustre Ensemble.

Weitere Top-Sehenswürdigkeiten an der Domstraße sind der Grafeneckart als Teil des Alten Rathauses 12 und der Vierröhrenbrunnen (s. S. 45). Wer im Sommer ein abseits gelegenes, schattiges Plätzchen sucht, betritt die Langgasse rechts neben dem markanten Grafeneckart-Turm. Die Gasse erweitert sich nach ein paar Schritten zum **Schenkhof** genannten Platz. Dort fällt an einem kleinen Brunnen eine kuriose steinerne Skulptur auf, ein schmaler Herr mit großer Ohrmuschel. Es handelt sich dabei um die lebensgroße Darstellung des Schorsch, eines Klatschreporters aus den 1970er-Jahren, der in der Zeitung regelmäßig eine Glosse mit dem neuesten Behördentratsch füllte – das Ohr ist entsprechend Richtung Rathaus gerichtet! Der 1976 gestaltete Brunnen wird **Lauscherbrunnen** genannt.

Frühling auf dem Sternplatz

MEIN TIPP

Im Sternbäck

Das Sternbäck ist eine Institution. Hier am Sternplatz 9 mitten im Herzen Würzburgs finden seit Generationen Studenten und Professoren, Arbeiter und Schüler, Einheimische und Besucher zueinander. Ursprünglich mal eine der „Bäck" genannten Weinstuben, versteht sich das Lokal heute als Kneipe mit Zusatzfunktionen: Stadtcafé, Bar-Restaurant und Eventzone. Beispielsweise wird das Sternbäck während des Würzburger Faschings von partywütigen Narren tagelang überrannt. Bei schönem Wetter warten treue Fans auch schon mal etwas länger auf einen freien Tisch draußen – oder nehmen auf der Treppe zum Eingang Platz. Die regelmäßig wechselnde Tageskarte lockt mit bodenständigen Gerichten.

4 [D4] **Sternbäck,** Sterngasse 2, Tel. 54056, www.sternbaeck.de, geöffnet: Mo.–Fr. 11–2, Sa./So. 10–2 Uhr

Walther von der Vogelweide

Geboren wurde Deutschlands erster (Musik-)Superstar 1170, gestorben ist er ca. 1230 – höchstwahrscheinlich in Würzburg. Die einzige urkundliche Erwähnung des Lyrikers datiert auf 1203. Bereits im 13. Jahrhundert stieg er in den Kreis der klassischen Dichter auf. Das meiste über ihn weiß man aus seinen erhalten gebliebenen Werken. Er wirkte an den verschiedensten Höfen und sicherte sich die Gunst seiner Gönner auf mal mehr und mal weniger erfolgreiche Weise.

Eine schöne Parallele zu heutigen Rappern ist, dass er in seinen Werken furiose Rivalitäten zu Kollegen pflegte. Seine beiden künstlerischen Standbeine waren die politische Dichtung und der Minnesang. Stoff gab es genug, denn Walther lebte in den unruhigen Zeiten der Kreuzzüge und regelmäßigen Auseinandersetzungen zwischen Kaiser und Papst. Er stand nicht auf Seiten der Kirche.

Seine populärsten Minnelieder thematisieren die erfüllte Liebe zu einem nicht standesgemäßen Mädchen – sozusagen Pretty-Woman-Storys. Rebellisch pfiff Walther auf das Ideal der unerfüllten „Hohen Minne" des Ritters zur höher gestellten Dame.

› **Buchtipp:** „Das Spiel der Nachtigall", Tanja Kinkel, Knaur TB 2012. Auf über 900 Seiten taucht der Leser in Walther von der Vogelweides fiktionalisiertes Leben ein. Der Roman ist auch als Hörbuch mit rund 32 Stunden Spieldauer erhältlich.

Im Herzen der Altstadt: vom Marktplatz zur Alten Mainbrücke

Würzburgs Marktplatz unterteilt sich in den Oberen und den Unteren Markt. Mit architektonischen Schmuckstücken können beide aufwarten. Spektakulär stehen das Falkenhaus ⓫ *mit seiner Rokokofassade und die große grazile Marienkapelle* ⓾ *unmittelbar nebeneinander.*

Wer von Westen her den Oberen Markt betritt, kommt an einem Brunnen mit einer ungewöhnlichen Bronzestatue vorbei: Das vergnügte Männlein mit Hacke und Weinkrug ist ein Vertreter der mainfränkischen Häcker – kleine Weinbauern, wie es sie heute nicht mehr gibt (s. S. 50).

⓾ Marienkapelle ★★★ [C3]

Der in Rotbraun und Weiß gehaltene spätgotische Kirchenbau dominiert den Unteren Markt. Die Bezeichnung Kapelle rührt daher, dass Würzburgs Bischöfe der Bürgerkirche keine Pfarreirechte verliehen haben. Kein Wunder – schließlich ist die Marienkapelle ein Symbol für das selbstbewusste Auftreten der Würzburger Bürger gegenüber den bischöflichen Landesherren.

Der imposante **Turm** der Ende des 14. Jh. errichteten Marienkapelle ist in seiner oberen Hälfte herrlich mit Türmchen und anderen verspielten Elementen verziert. Mit einer Höhe von 73 Metern prägt er die Silhouette Würzburgs entscheidend mit.

Gekrönt wird die Turmspitze von einer **goldenen Madonna** im Strahlenkranz mit doppelter Schauseite. Die 1713 von Jacob van der Auvera geschaffene Figur ist mit insgesamt ca. 5 m Höhe weit größer als man von „unten" erahnt.

Ansonsten wird das Äußere des Baus von den sehr hohen, schmalen Fenstern, roten Strebepfeilern und drei Portalen dominiert.

Berühmt ist die Bürgerkirche für ein auf den ersten Blick unscheinbares Detail: Auf der dem Unteren Markt zugewandten Seite stehen unter roten Baldachinen Sandsteinfiguren von **Adam und Eva.** Sie wurden 1493 vom Bildhauer-Genie Tilman Riemenschneider (s. S. 42) geschaffen. Die Originale befinden sich im Museum für Franken auf der Festung Marienberg 22.

Im Innern des Gotteshauses stößt man rechts des Westportals mit dem um 1500 entstandenen **Grabmal** des Ritters Konrad von Schaumberg auf eine weitere eindrucksvolle Arbeit Riemenschneiders. Auch der berühmte Baumeister **Balthasar Neumann** (s. S. 17) wurde in der Marienkapelle bestattet. Eine bronzene Gedenkplakette an einer Säule erinnert an den Erbauer der Würzburger Residenz 1. Die **Silbermadonna** über dem Altar an der Stirnwand wurde ca. 1685 gefertigt. Ebenfalls sehenswert und aus Silber ist die große, 1715 gestiftete **Büste des Hl. Aquilin**, die sich unweit des Eingangs der Kirche auf der linken Seite befindet.

Stolz sind die Würzburger auch auf das 2013 eingeweihte, aus sechs großen Glocken bestehende neue **Geläut.** Das täglich um 12 Uhr mittags intonierte fränkische Marienlied „O himmlische Frau Königin" soll im 17. Jh. speziell für die Marienkapelle komponiert worden sein.

032wb-js

Der Kirchturm der Marienkapelle überragt die Altstadt

Die Marienkapelle ist übrigens nicht zu verwechseln mit der Marienkirche im Burghof der Festung Marienberg 22.

› www.bistum-wuerzburg.de/bildung-kunst/sehenswuerdigkeiten/marienkapelle-wuerzburg

MEIN TIPP

Auf dem Marktplatz

Würzburgs kleinstes (Steh-)Café belegt eines der an die Fassade der Marienkapelle 10 angebauten „Schwalbenlädle" zwischen Oberem und Unterem Markt. Die Miete für das winzige Lokal kommt der Kirche zugute.

5 [D3] **Brandstetter-Lädele,** Marktplatz 7, Tel. 3548822, geöffnet: Mo.–Fr. 7–18, Sa. 8–16 Uhr. Sollte hier zu viel los sein: Ein paar Schritte nach links und man steht vor einem weiteren Schwalbenlädle-Café.

Tilman Riemenschneider – Ausnahmekünstler der Spätgotik

Der bedeutendste Bildhauer und Bildschnitzer der frühen Neuzeit kam um 1460 in Heiligenstadt (heute Thüringen) zur Welt und ließ sich 1483 in Würzburg nieder. Seine Zeit als Handwerksgeselle endete 1485, als er eine vermögende Witwe ehelichte.

Sie brachte unter anderem das Haus in der Franziskanergasse mit in die Ehe, in dem heute das Restaurant Tilmans Steakhaus (s. S. 79) untergebracht ist.

Vor allem in Würzburg und Umgebung schuf das **vielseitige und geschäftstüchtige Genie** für Klerus und Bürger eine große Zahl von Kunstwerken. Überwiegend handelte es sich bei seinen Arbeiten um Bilder, Holzschnitzereien, Statuen aus verschiedenen Materialien, Altarschreine und Grabdenkmäler. Außerdem fertigte er einen großen Ratstisch für das Würzburger Rathaus ⓬ an.

Tilman Riemenschneider bekleidete wichtige öffentliche Ämter und war von 1520 bis 1521 sogar **Bürgermeister** der Stadt.

Während des Bauernkriegs stand er auf Seiten der aufständischen Bauern, die sich mit den Würzburger Bürgern verbündet hatten. Der Konflikt ging zugunsten der Obrigkeit aus und Riemenschneider sollte fortan nie wieder einen großen Auftrag bekommen. Der Ausnahmekünstler wurde 1531 auf dem damaligen Friedhof zwischen Dom ❻ und Neumünster ❽ beigesetzt.

Tilmans Spuren folgen

Fans, denen seine Kunstwerke an der Marienkapelle ❿, im Dom ❻, im Neumünster ❽ und im Museum für Franken (s. S. 58) auf der Festung noch nicht genügen, pilgern zu einem kleinen Ort sechs Kilometer nördlich von Würzburg: In der ehemaligen **Klosterkirche St. Afra** in Maidbronn bei Rimpar ist mit dem Steinrelief „Beweinung Christi“ eine der letzten und spektakulärsten Arbeiten des Genies zu bewundern.

Ohne großen Umweg können Kunstfreunde aus dem Nordosten Deutschlands bei der An- oder Abreise dem ersten großen Flügelaltar Riemenschneiders einen Besuch abstatten. Sein 15 m hoher **Magdalenen-Altar** schmückt seit 1492 die Stadtpfarrkirche von Münnerstadt bei Bad Kissingen (www.maria-magdalena-muennerstadt.de und https://bayern-online.de/rhoen/erleben/staedte-gemeinden/muennerstadt).

⓫ Falkenhaus ★★ [D3]

Das mit einer äußerst üppigen Rokostuckfassade verzierte Haus zum Falken am Oberen Markt ist neben der Marienkapelle ❿ das auffälligste und prächtigste Gebäude im Bereich des Würzburger Marktplatzes.

Der zu Beginn des 18. Jahrhunderts errichtete dreigeschossige Bau diente ab etwa 1735 als Gasthaus. Während dieser Phase erhielt er 1751 seine **berühmte Fassadengestaltung.** Ausgeführt wurde die reiche Rokokodekoration von wandernden Stuckateuren aus Oberbayern. Den mittleren der drei Giebel krönt ein metallener Falke.

Im Jahr 1939 erwarb die Stadt das Gebäude. Der Bombenangriff 1945 machte ihm mitsamt dem größten Teil der Fassade den Garaus. Der

033wb-js

Wiederaufbau anhand alter Fotografien zog sich bis in die 1950er-Jahre hin und gilt als hervorragend gelungen.

In dem Gebäude sind heute unter anderem die **Tourist Information** (s. S. 113) und die sehr ordentlich bestückte zentrale **Stadtbücherei** untergebracht.

Auf halbem Weg zwischen Falkenhaus und Altem Rathaus ⓬ wird etwas östlich des Mittelpunkts des Unteren Markts ein bemerkenswertes Monument passiert. Der **klassizistische Marktbrunnen** besteht aus einem 15 Meter hohen **Obelisk** auf einem quadratischen Grundriss mit zwei schlichten Brunnenschalen.

Erbaut wurde er 1802 von Hofbaudirektor Johann Andreas Gärtner (1744–1826). Die Anlage besteht aus mainfränkischem Muschelkalk. Die Jahrzehnte später angebrachten Reliefs mit Marktszenen sollen an die napoleonische Zeit erinnern.

★6 [D4] **Obeliskbrunnen**

⊡ *Die reich verzierte Fassade des Falkenhauses ist ein Augenschmaus*

⓬ Rathaus mit Grafeneckart-Bau ★★ [C4]

Würzburgs Rathaus wurde im Laufe der Jahrhunderte mehrfach stark erweitert. Der älteste und architektonisch spektakulärste Teil ist der 2017 aufwändig sanierte Grafeneckart-Bau aus dem Hochmittelalter, ein Symbol bürgerlichen Freiheitsstrebens. Am, im und um das Rathaus herum gibt es viel zu besichtigen.

Im 12. und 13. Jahrhundert erlaubte sich Würzburgs selbstbewusste Bürgerschaft mehr und mehr Widerstand gegen den örtlichen Fürstbischof.

Um einen repräsentativen Bau für ihr Rathaus bemüht, erwarben die Bürger 1316 den nach einem Schultheiß benannten Grafeneckart-Bau zwischen Alter Mainbrücke ⓭ und Dom ❻. Mitte des 15. Jahrhunderts wurde der markante rechteckige **Turm** des Grafeneckart bis zur heutigen Höhe von fast 60 m aufgestockt. Am Turm sind zwei eindrucksvolle Uhren angebracht, nämlich eine goldene mit Zeigern und eine **Sonnenuhr**, die dafür berüchtigt ist, vor allem nachmittags erheblich falsch zu gehen.

080wb-js

Der wuchtige Anbau links neben dem Turm heißt **Grüner Baum** (oder Grünbaum), eine Bezeichnung, die auf die Tradition germanischer Gerichtslinden Bezug nehmen soll. Auf die Fassade ist relativ mittig einer dieser Bäume aufgemalt. Der mit Wappen verzierte Renaissance-Erker, der den Charakter der Fassade maßgeblich mitprägt, wurde Mitte des 16. Jh. ergänzt.

Aus dem 14. Jh. erhalten sind die heute in den Ratskeller integrierte **Ratskapelle** und der spätromanische **Wenzelsaal** mit Resten der originalen Wanddekoration. Benannt ist der im Obergeschoss gelegene, gut 100 m² große Saal mit den auffälligen Rundbogen-Fensternischen nach König Wenzel (1361–1419), der Würzburg 1397 einen Besuch abstattete. Der mit dem wenig ehrenvollen Beinamen „der Faule" bedachte Wenzel ist den Würzburgern eigentlich in eher schlechter Erinnerung: Kurz nachdem er den Bürgern die heiß ersehnte **Reichsfreiheit** (Reichsunmittelbarkeit) und damit mehr Unabhängigkeit von den Fürstbischöfen versprochen hatte, zog er diese Zusage auch schon wieder zurück. An die Enttäuschung der Bürgerschaft erinnert bis heute ein Reichsadler mit zerbrochenem Zepter an der Eingangstür.

Links neben dem Grünbaum schließt sich der etwas nach hinten versetzte **Rote Bau** an. Auffallend ist die im Stil der Spätrenaissance ausgeführte Fassade mit der eleganten Giebelgestaltung. Über den Rathaushof können die Rathaus-Einrichtungen von heute betreten werden. Im Innern des Roten Baus beeindrucken die sogenannte Grüne Stube, die Bürgermeisterstube und die große Ratsstube mit ihrer Kassettendecke.

Im Eingangsbereich befinden sich ein Tastmodell des Gesamtgebäudes und ein **Raum zum Gedenken** an die Opfer des Luftangriffs vom 16. März 1945 (Dokumentationsraum, Eintritt frei). Das graue Modell und die Fotos der ausgebombten und abgebrannten Stadt wirken auf viele Besucher verstörend.

Seine heutige Ausdehnung erreichte der Rathauskomplex durch den Ankauf des nördlich gelegenen **Karmelitenklosters** und den Bau des modernen **Südflügels.** Besonderes Highlight des Südflügels ist das monumentale **Wandgemälde zur Stadtgeschichte** im neuen 22 m x 16 m großen Sitzungssaal (s. S. 100).

Vor dem Sitzungssaal bezaubert eine Kopie des 1506 von Tilman Riemenschneider (s. S. 42) geschaffenen historischen steinernen Ratstisches.

Das **Foyer** des Rathauses wird regelmäßig für Ausstellungen genutzt.

› Beim Grafeneckart 1 (direkter Zutritt zum jüngsten Rathaus-Anbau über die Rückermainstraße), **Rathausführungen:** Mai bis Ende Oktober jeden Samstag 11 Uhr (außer an Feiertagen), Treffpunkt Rathaushof gegenüber dem Vierröhrenbrunnen, Dauer: ca. 1½ Stunden, maximal 25 Teilnehmende, kostenlos, Online-Anmeldung: www.wuerzburg.de (Suchbegriff: Rathausführung). Bei Sonderveranstaltungen im Rathaus entfällt die Führung unter Umständen.

Auf dem Weg von der Domstraße 9 auf die Alte Mainbrücke (oder umgekehrt) wird der spätbarocke **Vierröhrenbrunnen** passiert. Unmittelbar gegenüber dem Rathaushof dient er den Würzburgern als Treffpunkt und den Touristen als beliebtes Fotomotiv. Gestaltet wurde die schmucke Anlage unter anderem von Johann Peter Wagner (1730–1809).

Eine **Frankonia-Figur** krönt den Brunnen hoch oben auf einem wappengeschmückten Obelisk, während auf halber Höhe **Allegorien** der vier Kardinaltugenden über dem Wasserbecken stehen: Gerechtigkeit (mit Waage), Mäßigkeit (Wasser und Wein) Tapferkeit (Harnisch) und Weisheit (Spiegel und Buch). Eine Etage tiefer strömt Wasser aus den Mäulern von **vier Delfinen.** Balthasar Neumann (s. S. 17) ersann für den Vierröhrenbrunnen ein seinerzeit innovatives Kanalsystem zur Frischwasserversorgung. Zu ganz besonderen Anlässen soll das Frischwasser allerdings durch leckeren Frankenwein ersetzt worden sein ...

★7 [C4] **Vierröhrenbrunnen**

Würzburgs Grafeneckart-Bau 12

KURZ & KNAPP

Würzburger Sintfluten

Seit ihrem Bestehen wird die Stadt von Hochwasser-Katastrophen geplagt. Extreme Hochwasserstände des 14. bis 19. Jh. können am rechten **Türpfosten** des Grafeneckarts 12 abgelesen werden. Besonders vernichtend war das sogenannte Magdalenen-Hochwasser am 21. Juli 1342, dem unter anderem ein Vorgängerbau der heutigen Alten Mainbrücke 13 zum Opfer fiel.

Seit dem 20. Jh. werden Hochwasserstände am Mauerwerk des Alten Rathauses 12 dokumentiert. Im Jahr 2012 wurde Würzburgs neuer **Altstadt-Hochwasserschutz** fertiggestellt, eine hochmoderne Konstruktion inklusive mobiler Wände. Die hierdurch erforderlich gewordene Neugestaltung von Teilen des Uferbereichs am Oberen Mainkai gilt als gut gelungen.

13 Alte Mainbrücke ★★★ [C4]

Zur Zeit ihrer ersten Errichtung um 1120 galt sie mit über 180 Meter Länge als größte innerstädtische Steinbrücke der Welt. Seitdem hat das heute von zwölf überlebensgroßen Barock-Statuen gesäumte Bauwerk einiges mitgemacht.

Die Vorgängerbauten wurden im 14. Jahrhundert zwei Mal vom Main-Hochwasser geschluckt. Besonders verheerend war das **Magdalenen-Hochwasser** im Juli 1342, das die Stadt bis zum Domplatz überschwemmte und für das man einen exorbitanten Pegelstand von 10 Metern errechnet hat – der reguläre Wasserstand liegt bei unter 2 Metern.

Die heutigen **Brückenpfeiler** wurden im 15. Jahrhundert errichtet, die **Standbilder** mit den über 4 m großen Heiligen und anderen Berühmtheiten kamen um 1730 dazu.

MEIN TIPP

Mainkai

Die Uferpromenade am Mainkai lädt auf der Altstadtseite Würzburgs zu Spaziergängen entlang des gemächlich vorbeiziehenden Flusses ein. Der über 1 Kilometer lange Mainkai verbindet die Alte Mainbrücke 13 mit dem Alten Kranen 14. Dort ganz in der Nähe starten auch **Ausflugsschiffe** (s. S. 126).

Wenn die Sitzbänke entlang der Flaniermeile nicht ausreichen, setzen sich viele einfach auf die niedrige Kaimauer. Vom Mainkai bieten sich prachtvolle Ansichten der von der Festung Marienberg 22 gekrönten gegenüberliegenden Mainseite.

Ein **origineller Imbiss** ist der **Main Kutter Würzburg** (siehe Fotos S. 14 und S. 104). Auf halbem Weg zwischen Alter Mainbrücke und Alten Kranen werden hier aus einer Imbisshütte auf einem Schiff schnelle Fischgerichte gereicht, die man an Bord oder während des Mainkai-Bummels verzehrt.

8 [C3] **Main Kutter Würzburg**, Mainkai 1, Facebook, geöffnet: April–Oktober tägl. geöffnet, wechselnde Öffnungszeiten, meist bis mind. 20 Uhr – bei Schietwetter dicht!

Bis Ende des 19. Jahrhunderts war die Brücke die einzige Verbindung mit der anderen Mainseite. Heute ist sie für den motorisierten Verkehr gesperrt. Einheimische und Touristen schätzen die **besondere Atmosphäre** auf und im Umkreis des Monuments. Manche meinen, dass der Frankenwein ihnen hier unter den Augen der Brückenheiligen am besten schmecke. Im Sommer sorgen die Lokale der Umgebung zuverlässig für genügend **Brückenschoppen-Nachschub!**

Von der Brücke genießt man sowohl den Blick den Main entlang als auch das Panorama Richtung Weinberge im Norden und auf die Sehenswürdigkeiten der rechten Mainseite.

Außerdem laden die **zwölf imposanten Statuen** auf den Brückenpfeilern zu Schnappschüssen ein. Es handelt sich um Heilige, Würzburger Bischöfe und andere Personen, die eng mit der Entwicklung der Stadt verbunden sind. Ihre Namen stehen auf den kleinen Podesten zwischen Figur und Sockel. Die Sockel tragen fürstbischöfliche Wappen. Ein **Tastmodell** der Alten Mainbrücke befindet sich an ihrem westlichen Ende.

035wb-js

Würzburger Brücken

Alle Brücken im Bereich der Würzburger Innenstadt können auch von Passanten genutzt werden. Die Fußgängerwege der Löwenbrücke sind allerdings unbequem schmal. Die Alte Mainbrücke ist nicht für den motorisierten Verkehr freigegeben.

- **Alte Mainbrücke** 13: Die steinerne Verbindung zwischen dem Herzen der Altstadt und dem Mainviertel unterhalb der Festung Marienberg 22 ist eine der Würzburger Top-Sehenswürdigkeiten. Einige Teile der heutigen Brücke stammen noch von ihrem Vorgängerbau aus dem 12. Jahrhundert.
- **Ludwigsbrücke/Löwenbrücke** [C6]: Am südlichen Ende des Ringparks überqueren Autos und Straßenbahnen den Main über die Ludwigsbrücke. Benannt wurde sie nach dem bayerischen König Ludwig III. Eingeweiht 1895, sollte sie eine friedliche Verbindung zwischen Franken und Bayern symbolisieren. An beiden Enden bewachen fotogene bronzene Löwen den Brückenaufgang.
- **Friedensbrücke** [B2]: In den 1880er-Jahren als Luitpoldbrücke erbaut, verbindet die Friedensbrücke auf der Höhe des Nordendes des Ringparks die Würzburger Altstadt mit dem Stadtteil Zellerau. Seit 1964 erinnert am linksmainischen Brückenaufgang das Prinzregentendenkmal mit einer Büste Prinzregent Luitpolds an den einstigen Namensgeber.
- **Brücke der Deutschen Einheit** [A1]: Die am 3. Oktober 1992 eingeweihte Brücke ist die nördlichste im Bereich der Würzburger Innenstadt. Fast 240 m lang überspannt sie nicht nur den Main, sondern auch die Mainwiesen und das Hafenbecken am Alten Hafen. Am linksmainischen Aufgang symbolisiert eine Skulptur die deutsche Teilung und Wiedervereinigung.

Trubel auf der Alten Mainbrücke 13

Alte Mainbrücke mit Brückenheiligen

081wb-js

Nördliche Innenstadt mit Juliuspromenade

Die Juliuspromenade teilt den Norden der Innenstadt in zwei Hälften. Nördlich dieser Linie lohnen sich Abstecher in den historischen Mini-Stadtteil Innere Pleich 16, zum Juliusspital 17 und zur Kirche Stift Haug 19. Kauflustige statten der Kaiserstraße einen Besuch ab.

14 Alter Kranen ★★ [C3]

Verantwortlich für den Bau der 10 m hohen barocken Krananlage war **Franz Ignaz Michael Neumann** (1733–1785), Sohn des Architekturgenies Balthasar Neumann (s. S. 17).

Der Auftraggeber, Fürstbischof Adam Friedrich von Seinsheim (1755–1779), versprach sich von dem Kranen eine Vereinfachung und Belebung des Warenumschlags. Sein aus Sandstein geschlagenes **Wappen** befindet sich uferseitig am Kranhaus.

037wb-js

Das 1773 in Betrieb genommene und für die damalige Zeit äußerst innovative Bauwerk sollte seinen Zweck bis zur Mitte des 19. Jh. bravourös erfüllen. Originell ist die **Funktionsweise** des Alten Kranens: Im Inneren des Baues sind ein System aus Flaschenzügen und zwei Treträder mit über 5 m Durchmesser angebracht – zu betreiben durch Menschenkraft (sechs Personen pro Rad für die maximale Hebekraft). Der Beruf des Kranbedieners und Lageristen hieß übrigens Kärrner.

Das Hebewerk ist drehbar und um einen dicken Tragpfosten gelagert. Heute ist das Bauwerk ein beliebtes Fotomotiv. In seinem Schatten starten und enden viele **Spaziergänge** auf der Mainkai-Promenade (s. S. 46).

15 Juliuspromenade ★ [D3]

Die etwa 250 m lange Juliuspromenade verbindet die Kreuzung hinter dem Alten Kranen 14 in gerader Linie mit dem Barbarossaplatz [D2–3] und bildet eine Seite des Bischofshuts, also des Fünfecks aus Main und vier wichtigen Straßen, von dem die Kernstadt umschlossen wird.

Das überlebensgroße **Julius-Echter-Denkmal** ist neben der Fassade des Juliusspitals 17 die bemerkenswerteste Sehenswürdigkeit auf der Promenade. Es zeigt ihren Namensgeber, einen der bedeutendsten Fürstbischöfe Würzburgs. Errichtet wurde es 1847 auf Geheiß König Ludwigs I. von Bayern. Zur Darstel-

◁ Beim Alten Kranen legen viele Ausflugsschiffe an

lung kommt ein bärtiger Julius Echter mit Bischofshut, mächtigem Umhang und bischöflichem Krummstab. Die rechte Hand hebt er segnend Richtung Barbarossaplatz am östlichen Ende „seiner" Promenade. Seit dem 14. Jahrhundert folgt diese dem Verlauf eines Grabens, der in noch früheren Zeiten zur mittelalterlichen Stadtbefestigung gehörte. Nach Julius Echter wurde die Promenade erst Mitte des 19. Jahrhunderts benannt.

Gründe, dort vorbeizuschauen, sind die Besichtigung des **Juliusspitals** ⑰ und die Einkehr in die dazugehörige **Weinstube** an ihrem östlichen oder in eine der originellen Bars und Kneipen an ihrem westlichen Ende, beispielsweise die **Reggae-Kneipe Hasenstall** (s. S. 85). In der näheren Umgebung stehen auch einige der wenigen Häuser, die den Bombenangriff 1945 relativ unbeschadet überstanden haben. Ein Beispiel dafür ist das im späten 18. Jahrhundert errichtete Gebäude, in dem die Hirsch-Apotheke untergebracht ist (Juliuspromenade 2).

★9 [D3] **Julius-Echter-Denkmal**

★10 [C3] **Hirsch-Apotheke,** Juliuspromenade 2

⑯ Innere Pleich ★ [C3]

In den gepflasterten Gassen rund um die Kirche St. Gertraud scheint die Zeit stehen geblieben zu sein. Da einige Gebäude sogar das Bombardement 1945 (s. S. 102) wie durch ein Wunder überstanden haben, können Spaziergänger hier eine Ahnung vom alten Würzburg bekommen.

Besonders bemerkenswert ist das altrosa gestrichene **Pleicher Handwerkerhaus.** Errichtet 1521 ist es das einzige erhaltene frühneuzeitliche Bürgerhaus Würzburgs.

MEIN TIPP

Bar-Szene

Vier junge Frauen betreiben in einem historischen Kellergewölbe in der „Pleich" die Bar SIGMA. Hier wird hauseigener Wodka serviert und die Gäste können sich beim Beer Pong beweisen.

13 [C3] **Bar SIGMA** €, Pleicherschulgasse 6, Tel. 40466687, www.bar-sigma.de, geöffnet: Do.–Sa. 20–1 Uhr

Zentrum der Inneren Pleich ist die um 1130 errichtete **Kirche St. Gertraud** mit ihren etwa 35 m hohen Türmen. Anfang des 17. Jahrhunderts erhielt sie unter Fürstbischof Julius Echter (s. S. 53) die heutige Gestalt. Besonders sehenswert sind das hübsche Hauptportal der Kirche und der mit dem Würzburger Wappen verzierte Pfeilerbrunnen daneben.

Die Bezeichnung **Pleich** geht auf den Bach Pleichach zurück, der den Stadtteil im Mittelalter durchfloss. Das bescherte dem Gebiet eine gute Versorgung mit fließendem Wasser. Gerne siedelten sich Handwerker an, die reichlich davon brauchten. Von dieser Epoche zeugen heute Straßennamen wie Gerberstraße.

★11 [C3] **Pleicher Handwerkerhaus,** Pleicherkirchgasse 16

12 [C2] **Kirche St. Gertraud,** Pleicherkirchplatz 1

⑰ Juliusspital ★★ [D3]

Dieses Barockschloss soll eine **Institution für Arme und Gebrechliche** sein? Das fragen sich viele Besucher, die vom Innenhof aus erstmals den von Antonio Petrini entworfenen palastartigen Fürstenbau zu Gesicht bekommen.

Die Anlage ist der Nachfolge-Bau eines ebenso riesigen, vierflügeligen

Weinberg-Wanderungen

Ein Bummel durch die stadtnahen Weinberge begeistert nicht nur Reben-Experten. Die Erwanderung weltberühmter Weinbaulagen wie **„Würzburger Stein“** oder **„Innere Leiste“** sollte stilecht von einer Frankenwein-Verkostung gekrönt werden.

Viele Anbieter, darunter die großen Weingüter (z. B. das Juliusspital 17), bieten geführte Wanderungen durch die Würzburger Weinberge an. Individualreisende mit etwas Orientierungssinn können auch auf eigene Faust die Rebhänge stürmen. Hier zwei besonders beliebte stadtnahe Routen, eine westlich und eine nördlich der Innenstadt:

Weinwanderweg Schlossberg und Leiste

Der Weinwanderweg beginnt bei der Kirche St. Burkard 23 auf der linken Mainseite und führt über die südliche Flanke des Marienbergs zur Festung 22.

Durchquert werden die berühmten Weinlagen Schlossberg und Innere Leiste. Das eindrucksvollste Bauwerk auf dem Weg ist der **Maschikuliturm,** ein Teil der Bastionsanlagen der Festung. Er ist über einen 200 Meter langen unterirdisch verlaufenden Gang mit der Hauptburg der Festung verbunden. „Maschikulis“ werden die senkrecht nach unten gerichteten Schussöffnungen genannt. Sie dienten als Ausgussöffnungen (Gießerker) auch Verteidigungszwecken.

Weinbergwanderer genießen während ihres gemächlichen Aufstiegs den Blick über die Altstadt und auf den Nikolausberg mit dem Käppele 24. Der Weinwanderweg mündet, oben bei der Festung angekommen, in den großen Besucherparkplatz. Natürlich macht der Weg auch in umgekehrter Richtung Spaß!

★14 [A6] **Maschikuliturm.** Der von Balthasar Neumann entworfene viergeschossige Turm und die Kasematte, also das Festungsgewölbe, sind nur an wenigen Tagen im Jahr für die Öffentlichkeit zugänglich: Ostersonntag, Ostermontag, Pfingstsonntag, Pfingstmontag, 1. Mai, 15. August (Mariä Himmelfahrt) und 3. Oktober (jeweils 11–16.30 Uhr, Eintritt 4 €, ermäßigt 3 €), Tel. 3551750, www.schloesser.bayern.de → Schlösser → Maschikuliturm und Kasematte.

Steinweinpfad

Auf dem Rundweg durch die Paradelage Würzburger Stein nördlich von Würzburg liegt die Stadt Spaziergängern zu Füßen. Der etwa 4 km lange Spaziergang gliedert sich in eine östliche und eine westliche Schleife. Die östliche ist etwa 3 km lang und führt hauptsächlich über Treppen und kurze Steilstrecken. Die westliche Route ist nur 1 km lang und recht eben.

Ausgangspunkt und Laufrichtung können variiert werden. Wegweiser sorgen dafür, dass sich niemand verläuft. Vor allem für Reisende, die mit dem eigenen Fahrzeug unterwegs sind, dürfte es sinnvoll sein, beim Weingut am Stein oder beim Schlosshotel Steinburg zu starten, da dort Parkplätze zur Verfügung stehen. Auf ca. 25 **Informations-Stelen** entlang des Rundweges erfahren Weinwanderer mithilfe von Texten und Abbildungen, wie der Weinbau die Landschaft prägt, welche Zwecke die einzelnen Weingüter verfolgen, Wissenswertes zum Winzerhandwerk und vieles mehr. Auf der Ostschleife wird auch der 1905 errichtete 15 m hohe **Bismarckturm** im Bismarckwäldchen passiert. An seiner Südseite zeigt ein Relief, was der Reichsadler mit der Schlange der Zwietracht anstellt, wenn er sie in die Krallen bekommt.

Eine kleine **Verkostung** rundet die Wanderung perfekt ab. Vom Steinwein soll übrigens schon der trinkfeste Johann Wolfgang von Goethe ganz außerordentlich begeistert gewesen sein. Konkret schrieb der Dichterfürst 1806: „Schicke mir noch einige Würzburger, denn kein anderer Wein will mir schmecken und ich bin verdrießlich, wenn mir mein gewohnter Lieblingstrank abgeht."

Tipp: Bevor es losgeht, die nützliche Broschüre „Steinweinpfad" downloaden (www.wuerzburger-steinwein pfad.de/steinweinpfad/rundweg/index.html).

› Öffentliche zweistündige Führung von Mai bis Oktober jeden Samstag, Treffpunkt: 15 Uhr am Info-Pavillon, Mittlerer Steinbergweg gegenüber dem Weingut am Stein, Kosten: 17 € pro Person (inklusive eines Gläschens Wein), Online-Anmeldung via www.wuerzburger-steinweinpfad.de → Führungen. Zugang für Fußgänger über die Rotkreuzsteige (800 m westlich des Hauptbahnhofs). Individualführungen auf Anfrage, Stein-Wein-Pfad Würzburg e.V., Tel. 94600.

› **Noch mehr Wanderungen:** Weitere Anregungen bietet die Website www.wuerzburg.de/tourismus/wuerzburg-entdecken/freizeitange bote/wandererlaeufer (mit interaktiver Online-Broschüre).

Renaissance-Komplexes, den Fürstbischof **Julius Echter von Mespelbrunn** ab 1576 vor die damaligen Mauern der Domstadt stellen ließ.

Bis heute unterhält die gemeinnützige Stiftung mit den Erlösen aus Weinbergen, Landwirtschaft und Wald ein Krankenhaus, ein Seniorenstift und ein Hospiz.

Gleich zwei Mal begegnet man dem Stifter im Bereich des **Haupteingangs:** auf dem Relief unmittelbar über dem Haupteingang der um 1790 entstandenen Straßenfront zur Juliuspromenade (15) hin und auf dem Stiftungsrelief im Durchgang zum Innenhof.

Im 1704 vollendeten Fürstenbau des Juliusspitals ist eine vollständig erhaltene **Apotheke im Stil des Rokoko** (18. Jahrhundert) erhalten geblieben. Zugang vom Innenhof aus. Der Eingang befindet sich im östlichen Teil des Innenhofs rechts neben dem Durchgang zum Park. Unter einem mit Fresken und Stuck verzierten Deckengewölbe bestaunen Besucher die komplette damalige Apotheken-Ausstattung, darunter Regale mit originalen Dosen und Schubladen, einen sogenannten Rezepturtisch und viele Deko-Elemente.

Die historische Apotheke kann nur im Rahmen von Führungen besichtigt werden. Durch die teilweise verglaste Eingangstür können sich Interessierte trotzdem einen Eindruck von der Räumlichkeit machen.

Neben der Innenfassade des Fürstenbaus und der Rokokoapotheke ist der imposante **Vierströmebrunnen** im Park des Juliusspitals die meistfotografierte Sehenswürdigkeit der Anlage: Der 1706–1708 von Jacob van der Auvera (1672–1760) als zentrales Schmuckelement des Parks geschaffene Brunnen zeigt Personifika-

tionen der fränkischen Flüsse, darunter den Flussgott Moenus (Main) mit langem Bart und Wassergefäß. Für diese Darstellungsweise ließ sich der Künstler von ähnlichen Arbeiten in Rom (Piazza Navona) und Versailles inspirieren. Die drei anderen Figuren stellen die Flüsse Tauber, Sinn und Saale dar.

Nur wenige Schritte westlich davon stoßen Besucher auf den ebenfalls zu Beginn des 18. Jahrhunderts errichteten **Gartenpavillon.** Weingut und Weinstuben sind im Westflügel daneben untergebracht. Der Eingang zu letzteren befindet sich am westlichen Ende der Juliuspromenade. Ein Höhepunkt offizieller Führungen durch die Anlage ist der 230 m lange, mit Holzfässern bestückte historische **Weinkeller.** Das **Weingut Juliusspital** lädt außerdem regelmäßig zu Weinproben, Weinseminaren, Weinbergfahrten und ähnlichen Events (Überblick: www.juliusspital.de/besichtigung-fuehrungen/wein-welt).

› Juliuspromenade 19, Tel. 3930, www.juliusspital.de, Anfang März–Mitte Dezember zwei Führungen: Schlenderweinprobe „Blicke hinter die Kulissen: Von der Traube zum Wein" Fr. 17, Sa. 15, 16 und 17 Uhr, Kellerführung „Die Stiftung und ihr Weingut" (historische Gebäude, Rokoko-Apotheke und Holzfasskeller) So. 10.30 Uhr, Treffpunkt für beide Führungen ist der Brunnen im Park des Juliusspitals, ca. 1500 Meter Wegstrecke pro Führung, Dauer: jeweils ca. 1½ Stunden, Kosten (inklusive Verkostung von drei Weinen) 17 €, Buchung via www.juliusspital-weingut.de/veranstaltungen/index.html, weitere Infos, auch zu Weinproben für Individualgäste und kleinere Gruppen, unter www.juliusspital-weingut.de/besuch/weinfuehrungen-und--proben, Beratung auch unter Tel. 3931401

18 Augustinerkirche ★ [D3]

Balthasar Neumann, der Baumeister der Residenz 1, verantwortete ab 1743 die Gestaltung der von einer Skulptur des Gemeinschaftsgründers geschmückten zweigeschossigen Fassade der Augustinerkirche. Antonio Bossi (s. S. 32) schuf die Stuckarbeiten im Kircheninnern.

Seit einer radikalen Umgestaltung Anfang der 2010er-Jahre mutet das Kircheninnere sehr modern an.

Von der zuvor üppigen Barockausstattung wurde bewusst nur ein Teil übernommen.

Die Augustinerbrüder haben in einem Gesprächsladen direkt neben der Kirche für jede und jeden ein offenes Ohr.

› Dominikanerplatz 2, Tel. 30970, www.augustinerkirche-wuerzburg.de

19 Stift Haug ★★ [E2]

Die hellgraue Kirche St. Johannes in Stift Haug sieht von schräg oben auf den ersten Blick aus wie ein auf den Rücken gedrehter Riesen-Käfer. Hervorgerufen wird dieser Eindruck durch die barocke Gestaltung der 75 Meter hoch aufragenden Doppeltürme und der 65 Meter hohen Kuppel.

Antonio Petrini errichtete die Johannes dem Täufer und Johannes dem Evangelisten geweihte Kirche im Stil des sogenannten fränkischen Barock zwischen 1670 und 1691. Sie gilt als sein bedeutendstes Werk. Insbesondere die **Ausmaße der Kuppel** galten zu seiner Zeit als spektakulär.

Stift wird die heutige Pfarrkirche genannt, weil bis zur Säkularisation 1803 ein Kollegiatsstift (s. S. 37) dazugehörte.

Gewölbe und Außenmauern überstanden den Bombenangriff 1945 (s. S. 102). Schlechter war es um die reiche barocke Innenausstattung bestellt. Nur wenige Figuren konnten gerettet werden.

Die Nischen der Doppelturmfassade bevölkern Ende des 19. Jahrhunderts geschaffene Skulpturen der

‹ Moderne Kunst auf dem Gelände des Juliusspitals 17

Julius Echters Erbe

Der strenge Julius Echter von Mespelbrunn (1545–1617) gilt vielen als bedeutendster Bischof der Würzburger Geschichte. Aus guten Gründen:

Als Verfechter der Gegenreformation (nachdrückliche Re-Katholisierung) regierte der hochgebildete, aber wenig lebensfrohe Fürstbischof mit eiserner Hand: Andersgläubige hatten wenig zu lachen und wurden ermuntert, sein Bistum zu verlassen. Der Hexenwahn erreichte unter Echter mehr als einen traurigen Höhepunkt.

Er traf aber auch einige für seine Mitmenschen und die Nachwelt erfreuliche Entscheidungen, die das Bild der Stadt und das Leben in ihr bis heute prägen. So stiftete er 1573 das gemeinnützige Juliusspital 17 und gründete 1582 die Würzburger Universität. Der eigens für die Hochschule errichtete vierflügelige Bau, die heutige Alte Universität 4, war der erste seiner Art in Deutschland. Echter förderte in Würzburg und Umland fast 400 weitere Baumaßnahmen, von denen viele noch erhalten sind, zum Beispiel der Ausbau der Kirche St. Gertraud (s. S. 49).

Die von Echter forcierte Volksfrömmigkeit mit reichlich religiösem Brauchtum und tiefer Marienglaubigkeit prägen Unterfranken bis heute. Ein bautechnisches Detail, das überall in der Region auffällt, ist der sogenannte Julius-Echter-Turm: Massive Kirchtürme laufen achteckig in hohen spitzen Zeltdächern (Helmen) aus, der nachgotischen „**Echter-Spitze**" bzw. „Echter-(Turm-)Haube".

Ein überlebensgroßes Bronze-Denkmal ehrt den berühmten Fürstbischof auf der Juliuspromenade (s. S. 48).

14 Nothelfer (s. S. 74). Schickes Detail: Über dem Hauptportal sind alle **Wappen der fünf Fürstbischöfe** angebracht, die während der Bauzeit an der Macht waren. Aufmerksame Betrachter stellen fest, dass der fränkische Rechen und das Würzburger Rennfähnlein (s. S. 103) stets Wappenbestandteil sind. Die Figur eine Etage darüber gehört nicht zur Nothelfer-Mannschaft, sondern stellt Johannes den Täufer dar.

Den **Hauptaltar** schmückt ein monumentales Gemälde des Venezianers Jacopo Tintoretto (1518–1594), einem der letzten großen Maler der italienischen Renaissance. Das goldgerahmte Bild wird von einer Darstellung der Kreuzigungsszene dominiert.

An der höchsten Stelle im Inneren des gewaltigen Kuppelgewölbes ist die Figur einer **Taube** erkennbar.

› www.stift-haug.de

039wb-js

‹ *In der Haugerpfarrgasse [D/E2]*

20 Kiliansbrunnen ★ [E1]

Der Kiliansbrunnen ist die einzige Augenweide im Bereich des Hauptbahnhofs. Er stellt ein Gegengeschenk des Prinzregenten Luitpold an seine Heimatstadt Würzburg dar. Der Herrscher stiftete das eindrucksvolle Monument 1895, also ein Jahr nachdem ihm der **Frankoniabrunnen** (s. S. 25) vor der Residenz gewidmet worden war.

Am bemerkenswertesten ist die erstaunliche Spannweite der unteren Brunnenschale aus Carrara-Marmor. Eine **Bronzeskulptur** des Hl. Kilian krönt die Anlage. Segnend wendet er sich der Stadt zu, in der er 689 mit seinen Begleitern Kolonat und Totnan ermordet wurde. In Reliefs werden zwei wirtschaftliche Besonderheiten Würzburgs dargestellt: Fischfang und Weinbau.

Die Figur hat in den 1940er-Jahren einiges mitgemacht: Die Nazis hatten sie zum Einschmelzen abtransportieren lassen, doch kurz nach Kriegsende wurde der Bronze-Kilian unversehrt auf einem Hamburger Schrottplatz entdeckt, von der Stadt zurückgekauft und wieder auf seinen Brunnen montiert.

21 Kulturspeicher ★ [B1]

Der Kulturspeicher lässt **Künstler und Kunstsinnige** seit 2001 zu diversen kulturellen Vergnügungen in einem umgebauten ehemaligen Getreidespeicher von 1904 pilgern.

Der mächtige, konsequent barrierefreie Bau hat **mehrere Architek-**

turpreise gewonnen. Sehr gut kommt zum Beispiel an, dass im von einem 12 m hohen Glasdach überspannten Foyer die historischen Stützpfeiler des Industriedenkmals erhalten geblieben sind.

Der Kulturspeicher beherbergt heute auf seinen drei Etagen unter anderem das renommierte Kabarett Bockshorn (s. S. 88), die Galerie des Berufsverbands Bildender Künstler Unterfranken (BBK) (s. S. 74), Wechselausstellungen verschiedenster Art und ein mit dem Bayerischen Museumspreis ausgezeichnetes Museum.

Das Museum vereint zwei Sammlungen unter einem Dach: Die **Städtische Sammlung** umfasst Arbeiten Würzburger und unterfränkischer Künstler von der Mitte des 19. Jahrhunderts bis heute. Zu den bekannteren unter ihnen zählt der gebürtige Kölner Wilhelm Leibl (1844–1900), ein bedeutender Vertreter des Realismus und Initiator des Münchner Leibl-Kreises.

Kennern des deutschen Impressionismus sind Max Slevogt (1868–1932) und Ludwig von Gleichen-Russwurm (1836–1901, ein Enkel Friedrich Schillers) ein Begriff. Mit dem Nachlass der Bildhauerin Emy Roeder (1890–1971) wagte die Sammlung den Schritt in die Klassische Moderne.

Ebenfalls im Kulturspeicher untergebracht ist die private Sammlung **Peter C. Ruppert – Konkrete Kunst in Europa seit 1945.** Sie versammelt die Werke von mehr als 200 Künstlern aus 23 Ländern und umfasst insgesamt über 300 Gemälde, Objekte und Plastiken. Als besonders herausragend gilt die Abteilung konkreter Fotografie. Wechselausstellungen ergänzen die beiden im Kulturspeicher untergebrachten Sammlungen.

Würzburgs größtes Kino steht unmittelbar neben dem Kulturspeicher. Ihm schräg gegenüber befindet sich der Eingang zum beliebten Biergarten **Zaubergarten** (s. S. 83).

› **Museum im Kulturspeicher,** Oskar-Laredo-Platz 1 (Navi: Veitshöchheimer Str. 5), Tel. 322250, www.kulturspeicher.de, geöffnet: Di. 13–18, Mi. 11–18, Do. 11–19, Fr.–So. 11–18 Uhr. Eintritt 4,50 €, ermäßigt 2,50 €, 1. Sonntag des Monats frei für alle

040wb-js

Der Kiliansbrunnen wurde von Prinzregent Luitpold gestiftet

Entdeckungen auf der anderen Mainseite

Auf den Anhöhen westlich des Mains sind die Besuchermagneten Festung Marienberg ❷❷ *und Käppele* ❷❹ *schon von Weitem zu sehen. Zu Füßen des Marienbergs erstreckt sich das langgezogene Areal Mainviertel.*

❷❷ Festung Marienberg ★★★ [B5]

Besucher der über 800 Jahre alten Burg genießen ihre besondere Atmosphäre und den fantastischen Blick auf die Stadt. Weitere Highlights sind die beiden auf der Festung untergebrachten Museen. Auch Auf- bzw. Abstieg sind sehr reizvoll. Für eine ausgiebige Besichtigung des Areals inklusive Museumsbesuch und gemütlicher Einkehr sollte man ca. einen halben Tag einplanen.

Jahrhundertelang, vor allem aber im Spätmittelalter und in der Renaissance, wurde die Festung ausgebaut, erweitert und mit trutzigen Verteidigungsanlagen umgeben. Bereits lange vor dem Beginn des heutigen Baus im Jahr 1201 war das strategisch äußerst günstig gelegene Areal für Wehranlagen genutzt worden. Denn nur die Westseite des Marienbergs ist flach und leicht zugänglich. Am Hang nördlich der Festung befinden sich Kleingärten und ein Teil des Landesgartenschau-Geländes 1990 ❷❼. An den beiden anderen Hängen kleben malerische Weinlagen.

Heute beherrscht die mächtige Festung über den Weinbergen das Antlitz der linken Mainseite. Bis 1719 diente sie als **Bischofssitz.**

Wer die Festung vom großen Parkplatz aus betritt, spaziert erst durch die unter Julius Echter (s. S. 53) errichtete Vorburg, bevor er auf die von der Altstadtseite aus sichtbare Burg trifft. Bei dieser handelt es sich um eine **Vierflügelanlage** mit wuchtigen Türmen auf allen vier Ecken.

Die auffälligsten Elemente in ihrem Innenhof sind der im 13. Jh. errichtete 30 m hohe Turm des Bergfrieds und der **Renaissance-Brunnentempel** über dem 102 (!) m tiefen Brunnenschacht. Er wurde um 1200 gegraben, um die Trinkwasserversorgung im Belagerungsfall sicherzustellen. Die bronzene Statue auf dem Dach des Tempels zeigt die nackte Glücksgöttin Fortuna.

Direkt daneben steht die **Marienkirche,** das älteste Bauwerk Würzburgs. Die Grundsteinlegung dieser ersten Bischofskirche der Stadt erfolgte bereits um das Jahr 706. Der Bau der heutigen Kirche wird auf den Beginn des 11. Jh. datiert.

Eindrucksvoll ist das unter Fürstbischof Julius Echter (s. S. 53) hinzugefügte **Schmuckportal** aus rotem Sandstein. Es zeigt unter anderem eine Marienstatue, ein Echterwappen, die Apostel Petrus und Paulus und die Heiligen Kilian und Burkard.

Sehenswert sind zudem die **Tore** zur Festung, v. a. das Schönborntor und das Neutor. Man passiert letzteres beim Auf- bzw. Abstieg über die Tellsteige von der Alten Mainbrücke ❶❸ her. Wer vom Neutor aus den direkten Weg zum Hauptgebäude der Festung nimmt, betritt dieses durch die sogenannte **Schönbornsche Ausfallpforte.** Der Weg durch den langen Gang gefällt nicht nur Kindern! Im Neutorgraben passiert man bei dieser Variante des Aufstiegs zur Festung auch eine ungewöhnliche Skulptur zur Erinnerung an die Bauernauf-

041wb-js

stände 1525. Das 1989 entstandene Bauernkriegs-Denkmal aus Edelstahl zeigt einen aus Wurzelwerk hervorstehenden wuchtigen Rammklotz. Dem 4 m hohen Monument ist eine Gedenktafel beigefügt.

Die Erstürmung der Burg 1631 durch die Schweden im Dreißigjährigen Krieg motivierte Johann Philipp von Schönborn (s. S. 26) zur Errichtung gewaltiger **Bastionen.** Schlau konstruiert: Durchfahrmöglichkeiten wurden kurvig angelegt, damit Kanonen nicht pfeilgerade durchschießen konnten!

Der **Maschikuliturm** wurde 1724–1729 nach Plänen Balthasar Neumanns (s. S. 17) zur Sicherung der Südflanke errichtet. Mehr Infos zu dem nur selten zugänglichen Geschützturm finden sich bei „Weinwanderweg Schlossberg und Leiste" auf S. 50.

- www.schloesser.bayern.de/deutsch/schloss/objekte/wu_fest.htm (mit Prospekt-Download)
- Burgführungen (nur Außenbereich, ohne Maschikuliturm und Museum für Franken), April–Okt. Di.–So. 10, 11, 13, 14, 15 und 16 Uhr, Nov.–März Di.–So. 11, 13, 14 und 15 Uhr, Kosten: 4 € (ermäßigt 3 €). Die Führungen starten im Innenhof der Echterschen Vorburg (Vorhof) bei der Pferdeschwemme, einer Art „Pool" zur Säuberung und Tränke von Pferden (nicht mehr in Betrieb und daher trockengelegt). Im Rahmen von Führungen können auf der Festung auch Sehenswürdigkeiten besichtigt werden, die sonst nicht zugänglich sind, z. B. das Innere des Brunnenhauses mit dem über 100 m tiefen Schacht.

Der Weg zur Festung

Drei Fußwege

- durch die Weinberge am östlichen und südlichen Hang des Marienbergs: Weinwanderweg Schlossberg und Leiste (s. S. 50)
- über die Parkanlagen der Landesgartenschau 1990 27
- über die Tellsteige durch das Neutor [B5]

Bus

- Im Sommer verkehrt die **Linie 9** (auch „Kulturlinie" genannt) als Touristenbus zwischen Residenzplatz [E4] und Festung. Eingesetzt werden niedrige Fahrzeuge mit

Das Scherenbergtor führt in den inneren Burghof

kurzem Radstand, um durch die Bastionen der Festung fahren zu können. Die Linie fährt tägl. von ca. 9.30 bis 18 Uhr und benötigt für die einfache Strecke etwa 20 Minuten. Auf der Route werden noch andere interessante Punkte passiert, z. B. die Juliuspromenade 15 und der Kulturspeicher 21. Linie 9 fährt nur im Sommerhalbjahr, genauer gesagt ab dem Sonntag vor Ostern bis einschließlich des Sonntags am Ende der bayerischen Herbstferien. Eine Alternative im Rest des Jahres ist Linie 18, die am Busbahnhof neben dem Hauptbahnhof startet und deren Haltestelle Oberer Burgweg etwa 500 m vom Eingang der Festung entfernt liegt.

› www.vvm-info.de → Fahrpläne → PDF Fahrpläne → Linie suchen: 9 bzw. 18

Auto

› Mit dem eigenen Fahrzeug wird über die Höchberger Straße [A4] und den Oberen Burgweg der Besucherparkplatz nördlich der Festung angesteuert – der auch auf Busse und Wohnmobile eingestellt ist. Der Festungsparkplatz kostet von März bis Okt. zwischen 7 und 19 Uhr insgesamt 3 € und den Rest des Jahres ganztags 2 €. Tipp: Wer ein solches Ticket erworben hat, kann während der Parkzeit die Straßenbahnen im Stadtgebiet kostenfrei nutzen. Widerstehen Sie der Versuchung, ihr Fahrzeug auf den letzten 500 Metern vor dem Festungsparkplatz am Straßenrand in der Parkverbotszone abzustellen. Das kostspielige Knöllchen ist ziemlich sicher!

Museum für Franken

Das **bekannteste Museum** der Region ist das Museum für Franken – Staatliches Museum für Kunst- und Kulturgeschichte in Würzburg im barocken Zeughaus der Festung. Highlights sind Gemälde, Skulpturen und Kunsthandwerk aus Würzburg und Mainfranken von der Frühzeit bis ins 19. Jh., darunter **viele Plastiken Tilman Riemenschneiders,** eine vorgeschichtliche Sammlung und Exponate zur unterfränkischen Weinkultur. Eine umfassende festungs- und stadtgeschichtliche Sammlung rundet das Museumserlebnis ab. Souvenirs ersteht man im Museumsladen, Getränke und Snacks am Automaten.

› **Festung Marienberg,** Oberer Burgweg, Tel. 205940, www.museum-franken.de (dort auch Infos zu Sonderveranstaltungen und -führungen, u. a. für Kinder, sowie zu Öffnungszeiten an Feiertagen), geöffnet: 16. März–Okt.: 10–17, Nov.–15. März 10–16 Uhr, montags geschlossen, Eintritt: 5 € (ermäßigt 4 €), sonntags für alle 1 €, unter 18 Jahren immer frei. Kombiticket Museumseintritt und Festungsführung 7 €. Das Kombiticket berechtigt auch zum Besuch des früher eigenständigen Fürstenbaumuseums.

› Tipp: virtueller Besuch des Riemenschneider-Saals als 360°-Rundgang unter www.hahn-media.de/pano/Riemenschneidersaal/index.html

Fürstenbaumuseum

Das „Museum im Fürstenbau“ ist Teil des Museums für Franken auf dem Areal der Festung. Hier erfahren Besucher, wie es bei Fürstbischöfen so zuging: Zu sehen sind Wohnräume mit kostbaren Möbeln, Wandteppichen und Gemälden, der prächtige Fürstensaal, eine auf zwei Räume verteilte „Schatzkammer“, historische Treppen und einiges mehr.

Die ebenfalls sehenswerte **stadtgeschichtliche Abteilung** im 2. Stock präsentiert Würzburgs Geschichte vom Mittelalter bis zum Jahr 1945. Unter den Exponaten finden sich auch zwei historische Stadtmodelle. Achtung: **Das Fürstenbaumuseum ist derzeit wegen Sanierungsmaßnahmen geschlossen.**

Kuriosum Würzburger Lügensteine

Besonders skurrile Ausstellungsstücke im Museum für Franken sind einige der **gefälschten Fossilien,** die sich der Würzburger Professor Johann Beringers (1667–1738) ab 1725 in großer Zahl andrehen ließ. Aus heutiger Sicht wirken die „Fakes“ äußerst plump gemacht. Viele sehen aus wie von Kinderhand als Halbreliefs aus dem Stein herausgearbeitet und zeigen u. a. eine Spinne im Netz oder kopulierende Frösche und Fliegen. Ende 1732 flog der Schwindel auf. Die Lügensteine wurden später zu **begehrten Sammelobjekten.** Auch Balthasar Neumann soll Exemplare besessen haben und es kamen sogar Fälschungen der Fälschungen in Umlauf. Beringers Abhandlung von 1726 mit vielen lithografischen Abbildungen der „Lügensteine“ ist online verfügbar (www.biolib.de/library/authors/author_00021_de.html).

Was den Gefoppten vielleicht getröstet hätte: Bei Ausgrabungen auf dem Schalksberg nordwestlich der Innenstadt wurden in den 1960er- und 1970er-Jahren **frühgeschichtlich sehr bedeutsame Funde** gemacht: Spezifische Ansammlungen von Tierknochen („Würzburger Knochenkombination“) können als erste Rituale der Menschheitsgeschichte gedeutet werden.

Fürstengarten

Der herrschaftliche Fürstengarten unmittelbar vor der Stadtseite der Festung ist vom Burghof aus zugänglich. Hier wandeln Besucher zwischen Blumenbeeten und genießen die **fantastische Rundumsicht** vom Steinberg im Norden über Würzburg und das Maintal bis zum Käppele 24 im Süden.

Der rechteckige, über 1000 m² große Fürstengarten beinhaltet acht im Frühling und Sommer farbenfroh bepflanzte Blumenbeete und ein Mittelbassin mit Springbrunnen. An den Ecken der Anlage stehen große Steinskulpturen.

Wer nachfühlen möchte, wie die Fürstbischöfe einst auf „ihre“ Stadt blickten, betritt die Aussichtskanzel an der steinernen Balustrade Richtung Altstadt.

› geöffnet: April–Okt. Di.–So. 9–17.30, Mo. 9–16 Uhr, Zugangstor im inneren Hof der Festung neben der Marienkirche, Eintritt frei

23 Kirche St. Burkard ★ [B5]

Die Kirche zählt zu Würzburgs ältesten Sakralbauten. Benannt ist sie nach Würzburgs erstem Bischof (684–753). Innen wie außen treffen **Romanik und Gotik** aufeinander. Der älteste romanische Bereich des Langhauses entstand ab 1033. Gestaltung des Querhauses und der Altarin-

Mein Tipp

Burggaststätten

Auf dem Festungsgelände gibt es mehrere gastronomische Einrichtungen. Vom Außenbereich der „Schänke zur alten Wache“ an der Nordseite der Burg bietet sich ein fantastischer Panoramablick über die nördliche Innenstadt, die Weinbaulage „Würzburger Stein“ und den Stadtteil Zellerau.

15 [A5] **Schänke zur alten Wache** €, Tel. 47012, www.burggaststaetten.de, bei Redaktionsschluss (Frühjahr 2023) wegen Bauarbeiten **für unbestimmte Zeit geschlossen**

sel sprechen die Formensprache der Gotik. Eine Besichtigung **im Innern** lohnen die barocken, frei im Raum hängenden 14 Nothelfer (s. S. 74), der neugotische Hochaltar von 1895, eine frühe Madonna Tilman Riemenschneiders (s. S. 42) und der sogenannte Leprosenstein – ein Mitte des 14. Jh. für ein Aussätzigen-Spital geschaffener Votivstein. In der Kirche befindet sich mit der 1249 gegossenen St. Katharina-Glocke die **älteste Kirchenglocke** des Bistums.

Der beliebte Weinwanderweg Schlossberg und Leiste (s. S. 50) beginnt genau hier.

› Burkarderstraße 40, Tel. 42412, www.st-burkard.de

24 Wallfahrtskirche Käppele ★★★ [B7]

Aus allen Lagen ist Würzburgs Käppele eine Augenweide: Vom Mainufer aus betrachtet, macht es sich sehr gut am Hang des Nikolausberges links neben der Festung Marienberg 22. Wer direkt davor steht, wird merken, dass der schmucke Barockbau gar nicht so putzig ist, wie es von „unten" den Anschein hat.

Das **einmalige, in die Weinberglandschaft eingebettete Ensemble aus Kirche und wundervollem Aufgang** zieht Pilger und Touristen gleichermaßen an. Im Sommer wird es gerne für Trauungen genutzt.

Die vom Volksmund seit Jahrhunderten liebevoll Käppele genannte Wallfahrtskirche Mariä Heimsuchung ist als **letztes Bauwerk Balthasar Neumanns** Mitte des 18. Jh. errichtet worden. Der Vorgängerbau, eine deutlich kleinere Gnadenkapelle, wurde geschickt integriert.

Zum Wallfahrtsziel war die Anhöhe schon zu Zeiten des Dreißigjährigen Krieges geworden, als es hier zu Lichterscheinungen und ersten wundersamen Heilungen gekommen sein soll.

Ein mit Kopfstein gepflasterter **Aufgang** führt hoch zum Käppele. Er wurde Ende des 18. Jh. als Kreuzweg errichtet, stellt also das Leiden Jesu in 14 mit lebensgroßen Figuren szenisch gestalteten Stationen dar.

Der **Stationsweg** gilt als größter seiner Art in Deutschland. Er besteht aus fünf flach ansteigenden Terrassen, die von Platanen gesäumt sind. Zwischen den von kleinen Kapellen flankierten Terrassen führen von zwei Seiten begehbare, relativ steile Treppenanlagen eine Stufe höher.

Vom Vorplatz des Käppele bietet sich ein fantastischer **Panoramablick** über ganz Würzburg. Zur Ortung der wichtigsten Sehenswürdigkeiten befinden sich auf der den Platz abschließenden Mauer Metallplatten, die bei der Lokalisierung markanter

042wb-js

Viele kommen auf dem steilen Weg zum Käppele ins Schwitzen

Punkte helfen. Links vom Hauptportal steht ein 1713 von Jacob van der Auvera (1672–1760) geschaffenes großes Kreuz mit Gottesmutter.

Das Käppele selbst imponiert mit zwei 34 m hohen und von hübschen Zwiebeltürmen gekrönten achteckigen Türmen. Die zierliche Fassade ist in Gelb und Weiß gehalten. In einer Nische über dem Hauptportal wacht eine Sandstein-Madonna in einer Rundbogennische. Auffällig ist die Dachlandschaft aus Kuppeln, Zwickeldächern und Hauben. Beim Bombenangriff 1945 (s. S. 102) blieb das Käppele verschont.

Im Inneren erwartet die Besucher eine betörende Pracht im Stil des Rokoko und Frühklassizismus mit sehr viel Blattgold. Sehr sehenswert sind die Altäre, die Orgel und die farbenfrohen Deckenfresken mit Motiven aus dem Alten und Neuen Testament.

Im **Mirakelgang** an der Südseite können Weihegaben besichtigt werden, mit deren Hilfe die Gläubigen um himmlischen Beistand baten. Man sieht beispielsweise Darstellungen versehrter Körperteile wie Beine oder Arme. Der Umgang führt zu einem kleinen Raum mit einer Kopie des Gnadenbildes von Altötting.

Käppele-Besucher, die **von der Altstadt zu Fuß** kommen, überqueren den Main am besten bei der Ludwigsbrücke (Löwenbrücke) am südlichen Ende des Ringparks. Sobald man die monumentale Treppenanlage rechts hinter der Straßenbahn-Haltestelle Löwenbrücke hinunterspaziert ist, gerät schräg rechts der Beginn der Nikolausstraße in den Blick, die hier von der viel befahrenen Mergentheimer Straße westwärts leicht ansteigend abzweigt. Nach ziemlich genau 100 m weist ein hölzernes Schild den kürzesten, von Schatten spendenden Bäumen gesäumten **Fußgängerweg** hinauf Richtung Stationsweg. Vom Main bis zum Beginn des Stationswegs benötigen sportliche Spaziergänger etwas weniger als 15 Minuten. Für den Stationsweg selbst rechnet man mindestens dieselbe Dauer.

Über die Straße Spittelbergweg [A/B7] kann man sich dem Käppele auch von oben nähern und so den **Stationsweg umgehen.** Beim Treppenabstieg zum Vorplatz der Kirche werden linker Hand ihre charakteristischen dunklen Dachwölbungen passiert. Sollte der Spittelbergweg gesperrt sein, kann zwischen den Gaststätten Schützenhof und Nikolaushof (s. S. 81) an der Ecke Albert-Günther-Weg/Johannisweg geparkt werden. Beide Lokale bieten übrigens eine schöne Aussicht. Von dort sind es noch ca. 250 m Fußweg. **Achtung:** An sommerlichen Sonn- und Feiertagen herrscht manchmal großer Andrang.

KURZ & KNAPP

Legenden

Auf der zweiten Plattform des Stationswegs ist links der sog. **Marienfuß** (oder Marientritt) zu sehen. Es handelt sich um einen Stein mit einer starken Vertiefung. Die Legende besagt, dass die Muttergottes eines Tages den Stationsweg hochging und ihr Fuß bei einer kurzen Rast an dieser Stelle in den Stein eingesunken sei. Der Fußabdruck wird in Leonhard Franks Jugendroman „Die Räuberbande" (s. S. 116) von 1914 erwähnt.

An eine weitere Marienerscheinung erinnert die **Kanonenkugel** in der seitlichen Rahmung des Hauptportals: Während einer kriegerischen Auseinandersetzung im Jahr 1800 soll die Muttergottes vor dem Käppele 24 Kanonenkugeln aufgefangen und das Gebäude so vor der Zerstörung gerettet haben.

Pilger und Scheiterhaufen: Abstecher zum Schottenanger

Dominiert wird die Umgebung des Schottenangers von den spitzen Doppeltürmen einer Kirche mit gleich drei Namen: St. Jakob-Kirche, Don-Bosco-Kirche und Schottenkirche.

Mitte des 12. Jh. als romanische, dem Hl. Jakob geweihte Klosterkirche vollendet, wurde die Basilika mehrfach umgestaltet, bevor sie beim Bombardement 1945 (s. S. 102) weitgehend zerstört wurde. Bis 1956 ließ die Ordensgemeinschaft der Salesianer sie als Don-Bosco-Kirche in der Art einer Hallenkirche wiedererstehen. Das Kircheninnere ist für die Allgemeinheit nicht zugänglich. Aber warum Schottenkirche? Nun, wie die Straße Schottenanger auch, geht die Bezeichnung auf das **Schottenkloster** zurück, das hier Pilgern seit dem 12. Jh. als Unterkunft diente, aber heute nicht mehr existiert. Hintergrund: Würzburg war im Mittelalter ein bevorzugtes Pilgerziel irischer Gläubiger. Schließlich war der hier gemeuchelte St. Kilian wohl Ire. In Würzburg wurden die frommen Fernwanderer von der Bevölkerung als Iroschotten bzw. Schotten oder „Scoti" bezeichnet. Auch heute noch ist die Schottenkirche Ausgangs- und Endpunkt von Pilgerfahrten. So beginnt hier z. B. der **Fränkisch-Schwäbische Jakobsweg** ins 265 km entfernte Ulm, ein Teilabschnitt des berühmtesten internationalen Pilgerwegs. Einen Stempel für den Pilgerausweis gibt es natürlich auch und vor der Kirche informiert eine Tafel über die empfohlenen Etappen nach Ulm (Infos: www.jakobus-franken.de/pilgerwege).

Besonders heiß ging es auf dem Schottenanger am 19.7.1476 her, denn an diesem Tag wurde hier der **Prediger Hans Böhm,** genannt „Pfeifer von Niklashausen", im Alter von ca. 27 Jahren auf dem Scheiterhaufen hingerichtet. Der gelernte Hirte und Musikant hatte es gewagt, soziale Missstände beim Namen zu nennen und sich kirchen- und kaiserfeindlich zu äußern. Ihm zu Ehren schmückt den Schottenanger heute eine über 3 Meter hohe Stele aus Rotsandstein. Ein Bronzefries umschließt das Monument. Es zeigt vier Szenen aus dem kurzen Leben Hans Böhms.

★16 [A3] **Schottenkirche**

› Leutfresserweg/Nikolausberg, www.kaeppele-wuerzburg.de, geöffnet: im Sommer tägl. 8–18, im Winter 8–16 Uhr

25 Frankenwarte ★

Die Frankenwarte ist genau genommen nicht der markante, 42 m hohe Aussichtsturm mit der auffallenden Besucherkanzel, sondern die **Hochfläche** (359 m über NN), auf der er steht. Der Aussichtsturm entstand Ende des 19. Jh. infolge einer Bürgeraktion. Die sich aus der Besucherkanzel bietende **Aussicht** ist **fantastisch.** Bei günstigen Witterungsverhältnissen können Richtung Nordosten sogar die Höhenlagen des Mittelgebirges Rhön erspäht werden. Zwischen Aussichtsturm und Käppele 24 erstrecken sich Wäldchen, Spazierwege und ein großer Spielplatz.

› www.verschoenerungsverein-wuerzburg.de/liegenschaften/liegenschaft-frankenwarte, geöffnet: April–Sept. 8–19, Okt.–März 9–16 Uhr, Eintritt: 1-Euro-Münze für das Drehkreuz am Eingang

26 Deutschhauskirche ★ [B4]

Die umgebende Bebauung lässt die einschiffige Deutschhauskirche unscheinbarer wirken, als sie von ihren Ausmaßen her ist. Sie gilt vielen als schönster Bau der beginnenden **Hochgotik** in Mainfranken.

Der Deutsche Orden ließ das Gotteshaus um 1300 im Mainviertel unterhalb des Marienberg-Nordhangs errichten. Ende des 17. Jahrhunderts wurde es nach Entwürfen von Antonio Petrini (s. S. 32) barock umgebaut.

Heute gehört die Kirche der evangelisch-lutherischen Gemeinde. Der Eingang wird zu Recht **Schöne Pforte** genannt. **Glasgemälde** verschönern die hohen schmalen Chorfenster. Im unteren Geschoss des Turmes kann eine gelungen restaurierte, spätromanische Kapelle besichtigt werden. Sehenswert sind auch die Kanzel aus der Spätrenaissance und die **Büßerzelle** im Vorraum der Sakristei. Von ihrem Fenster aus hatten Brüder des Deutschherrenordens, die sich versündigt hatten, der Messe beizuwohnen.

› www.deutschhauskirche-wuerzburg.de, geöffnet: Mo.–Sa. 10–17 Uhr

27 Gelände der Landesgartenschau 1990 ★ [B2]

Seit Würzburg den Zuschlag für die Bayerische Landesgartenschau 2018 erhalten hat, gibt es in der Stadt nun nicht nur eine Alte Mainbrücke 13 und eine Alte Universität 4, sondern auch ein **altes Landesgartenschaugelände.**

Das weitläufige Areal erstreckt sich mit einer kleinen Unterbrechung von der Friedensbrücke bis zur Festung. Seine Grünanlagen sind ein beliebtes **Naherholungsziel.**

Highlights sind die Themengärten und der gut besuchte **Wasserspielplatz.** Letzterer befindet sich im oberen Teil des Geländes und wird über das wuchtige Zeller Tor erreicht.

In den von Würzburgs Partnerstädten gestalteten Bereichen stößt man unter anderem auf ein normannisches Landhaus und einen Japangarten.

Der Eingang zum unteren Teil des Geländes befindet sich im Bereich Dreikronenstraße/Friedensbrücke.

› **Übersichtsplan:** www.wuerzburg.de/m_36816 (PDF), Öffnungszeiten des Parks (unterer und oberer Teil): Nov.–März: Mo.–Fr. 7–17, Sa./So. und feiertags 8–17, April–Okt.: Mo.–Fr. 7–21, Sa./So. und feiertags 8–21 Uhr

28 Bürgerbräu-Areal ★★

Auf dem Gelände und in den historischen Gebäuden einer ehemaligen Brauerei wurde 2012 ein buntes und kreatives **Kultur- und Dienstleistungszentrum** ins Leben gerufen, das sich seitdem kontinuierlich verändert und durch neue Einrichtungen und Angebote erweitert wird – ein modernes Konzept vor dem Hintergrund historischer Architektur.

Für Würzburg-Besucher besonders interessante Freizeitangebote sind das Siebold-Museum (s. S. 73), das Theater Ensemble (s. S. 88) und das Programmkino Central im Bürgerbräu (www.central-bb.de). Spannende **Gastronomie, Galerien und Geschäfte** haben sich z. B. im ehemaligen Pferdestall angesiedelt, darunter Bio- und Feinkostläden und das ungewöhnliche Café glück UND GUT (s. S. 83).

› www.buergerbraeu-wuerzburg.de, Öffnungszeiten der Läden verschieden: Mo.–Fr. ca. 10–18 und Sa. ca. 10–12.30 Uhr, zum Teil auch länger

Entdeckungen im Umland

An Ausflugsmöglichkeiten herrscht in Mainfranken kein Mangel. In einem Umkreis von ca. 15 km rund um Würzburg haben Reisende die Qual der Wahl. All diese Ziele sind auch mit öffentlichen Verkehrsmitteln gut zu erreichen.

Östlich der Stadt besonders beliebt sind Dettelbach und Volkach, südöstlich den Main hinauf locken Randersacker, Sommerhausen 30 und Frickenhausen.

Richtung Nordwesten mainabwärts freuen sich unter anderem Veitshöchheim 29, Thüngersheim und Karlstadt auf Ausflügler.

29 Veitshöchheim ★★★

Der kleine Ort nordwestlich von Würzburg lohnt wegen seines malerischen Zentrums und des Rokokogartens gleich daneben einen Besuch. Der Garten gilt als die besterhaltene Anlage dieser Art in ganz Deutschland. Einst als Sommerresidenz für die Würzburger Fürstbischöfe angelegt, stehen Schlösschen und Park heute der Allgemeinheit offen.

Wie auch im 25 km weiter nordwestlich gelegenen Markt Werneck (Landkreis Schweinfurt) ließen sich die Bischöfe in Veitshöchheim ein schmuckes Schloss für die Sommerfrische errichten.

Das ab 1680 vermutlich nach Vorlagen von Antonio Petrini (1621–1701) erbaute Barock-Schlösschen wurde Mitte des 18. Jahrhunderts von Balthasar Neumann (s. S. 17) vergrößert. Das hübsche Gebäude ist relativ klein, dafür ist aber der dazugehörige, zwölf Hektar große **Schlossgarten** in höchstem Maße spektakulär:

Nicht zuletzt wegen seines ausufernden Figurenprogramms gilt er als ein Höhepunkt der Gartenkunst französischen Stils. Eine Armee von **über 300 Plastiken** der zeitgenössischen Spitzen-Bildhauer Johann Wolfgang van der Auvera (1708–1756), Ferdinand Tietz (1708–1777) und Johann Peter Wagner (1730–1809) bevölkert das Areal: Fabelwesen, Tiere, Menschen und Gottheiten in allen Lebenslagen und vieles mehr sind hier vertreten und bestimmt findet jeder Besucher seine Lieblingsfigur.

Da der Zahn der Zeit an den Sandstein-Plastiken nagt, wurden sie zwischenzeitlich durch Kopien ersetzt. Die spektakulärsten Originale sind im Museum für Franken (s. S. 58) auf der Festung Marienberg zu sehen.

Unbestrittener Mittelpunkt der großzügigen Anlage ist ein künstlicher See mit Fontänen und der 1766 von Ferdinand Tietz geschaffenen Parnassgruppe:

Ganz oben auf dem launig sprudelnden „Musenberg Parnass" befindet sich eine Skulptur des geflügelten Pferdes Pegasus, das in der griechischen Sage mit seinen Hufen den Musenquell aus dem Fels schlägt. In der antiken Mythologie ist der Berg Parnass dem Gott Apollon geweiht und Sitz der neun olympischen Musen, dementsprechend sind diese auch Teil des Veitshöchheimer Skulpturenensembles mitten im See.

Die Wasserspiele beginnen von April bis Oktober täglich von 13 bis 17 Uhr zu jeder vollen Stunde.

Auch das **Schlösschen** lässt sich besichtigen: Im Inneren führt eine von Balthasar Neumann entworfene Treppe in den ersten Stock zu den fürstbischöflichen Wohnräumen.

043wb-js

Eine Ausstellung im Erdgeschoss informiert über die Geschichte des berühmten Gartens. Auch das charakteristisch geschwungene Schlossdach ist dem Architekturgenie Neumann zu verdanken.

› **Hofgarten Veitshöchheim,** Echterstraße 10, Tel. 91582, www.schloesser.bayern.de/deutsch/garten/objekte/veitsho.htm, **Rokokogarten:** ganzjährig tägl. ab 8 Uhr bis zum Einbruch der Dunkelheit (längstens bis 20 Uhr) geöffnet, Eintritt Hofgarten frei, **Schloss:** April–Mitte Okt. Di.–So. 9–18 Uhr (sonst geschlossen), ca. 30-minütige Schlossführung: tägl. 10–16.45 Uhr zu jeder vollen Stunde, Gesamtkarte: Schloss und Gartenausstellung im Erdgeschoss und Hofgarten-Audioguide: 5 € (ermäßigt 4 €), nur Gartenausstellung/Audioguide Hofgarten: 2 € (ermäßigt 1 €)

Der malerische **Ortskern** liegt unmittelbar nordwestlich der Schlossanlage. Das ihn beherrschende architektonische Element ist die **Katholische Pfarrkirche St. Vitus** mit ihrer beeindruckenden, knapp 23 Meter hohen zweifarbigen Schaufassade.

Die 1690/1691 errichtete Barockkirche wurde bewusst zwischen dem Altort und dem fürstbischöflichen Schloss platziert. Ihre streng gegliederte in Weiß und Braunrot gehaltene Fassade weist Renaissance- und Barock-Elemente auf. Über dem Portal prangt das mehrfarbig gearbeitete Wappen des Fürstbischofs.

Der Kirchturm mit der 44 m aufragenden Echter-Spitze (s. S. 53) stammt noch von einem Vorgängerbau aus dem 13. Jahrhundert. Zwischen der opulenten Pracht im Innern stechen die aus schwarzem Stuckmarmor gefertigten Altäre hervor. Das Altarbild des Hochaltars zeigt die Leiden des in Öl gesottenen hl. Vitus (Veit). Auch die figürliche Darstellung der 14 Nothelfer (s. S. 74) von 1714 ist sehenswert. Der hl. Veit ist dort an dem kleinen Kessel zu seinen Füßen zu erkennen.

i17 Pfarrkirche St. Vitus, www.veitshoechheim-kirchen.de

Die Skulpturen der Parnassgruppe spiegeln sich im See des Rokokogartens

044wb-js

› **Anreise:** Nur 10 km nordwestlich von Würzburg liegt der rund 10.000 Einwohner zählende Ort am rechten Mainufer. In 7 Minuten Fahrzeit gelangt man mit der Deutschen Bahn von Würzburg nach Veitshöchheim. In der wärmeren Jahreszeit ist die Bootsfahrt mit den Schiffen der Weißen Flotte eine lohnende Alternative (s. S. 126).

› Veitshöchheim hat dieselbe **Telefonvorwahl** wie Würzburg: 0931. Sehenswerte 360-Grad-Aufnahmen unter www.360cities.net/search/@tags-veitshöchheim.

Unterkunft

18 Spundloch – Hotel und Weinrestaurant €, Kirchstraße 19, 97209 Veitshöchheim, Tel. 900840, www.spundloch.com. Der schmucke Fachwerkbau mitten im Zentrum bietet Unterkunft und ortstypische Verpflegung. Eine Besonderheit sind die Paketangebote, die z. B. eine Übernachtung mit Frühstück, ein mehrgängiges Menü und ein Ausflugserlebnis kombinieren. In „Meister Spunds Lädle" deckt man sich mit guten Tropfen ein (www.meister-spund.de).

19 Weißes Lamm €, Kirchstraße 24, 97209 Veitshöchheim, Tel. 9802300, www.hotel-weisses-lamm.de. Liegt mitten im Ort und verfügt über Zimmer und Junior-Suiten. Das Frühstück wird im zum Hotel gehörenden Lokal escaVinum eingenommen. Kostenloser Gäste-Parkplatz (Zufahrt über Bahnhofstraße). Arrangements mit z. B. Ausflügen.

Im Spundloch tafeln und schöppeln Einheimische und Ausflügler

30 Sommerhausen ★★

Unter den malerischen Weindörfern des Würzburger Umlands sticht Sommerhausen besonders hervor. In der kleinen Gemeinde genießen Besucher nicht nur feinsten Rebensaft, sondern auch ein bemerkenswertes Kulturangebot und historische Baudenkmäler aus acht Jahrhunderten. Der Weihnachtsmarkt ist überregional bekannt.

Sommerhausen ist ein fränkisches Dorf **wie aus dem Bilderbuch.** Winzer, Bauern und Künstler prägten sein Antlitz. Feinstes Fachwerk, rote Dächer und Pflastersteine aus Muschelkalk – so präsentiert sich der kleine, direkt am Main gelegene Ort 10 km südlich von Würzburg. Ein Schloss, eine mittelalterliche Stadtmauer mit drei erhaltenen Toren, pittoreske Gässchen, vier Türme, Renaissance-Bürgerhäuser und historische Gebäude aus weiteren Epochen komplettieren das idyllische Bild.

Den Ruf, ein **Künstlerort** zu sein, unterstreichen zahlreiche Ateliers, Galerien und Antiquitätenläden. Der Kleinkunst-Weihnachtsmarkt in den Höfen des Ortskerns gehört zu den beliebtesten wiederkehrenden **Veranstaltungen** Sommerhausens. Daneben gibt es größere Weinfeste in den Monaten Mai, Juni und August (jeweils tendenziell am Monatsende), die Kunsttage (Vernissagen) Anfang Juni und die Kirchweih-Festivitäten Anfang Oktober.

Der sommerliche **Name** geht nicht etwa auf überdurchschnittlich viel Sonnenschein zurück, sondern hat mit dem Ortspatron zu tun: Der Gedenktag des Hl. Bartholomäus ist am 24. August, also im Sommer. Demgegenüber wird das Patrozinium der Nachbargemeinde Winterhausen auf der anderen Mainseite am 6. Dezember begangen, dem Nikolaustag. In der Nähe der Würzburger Kirche St. Burkard 23 lässt eine Steininschrift aus dem Jahr 986 darauf schließen, dass die beiden Marktgemeinden im Mittelalter als ein Ort („Ahusen") galten.

Als seltene **protestantische Enklave** im überwiegend katholischen Mainfranken unterstand der Ort bereits in der frühen Neuzeit nicht mehr dem Fürstbischof. Aus heutiger Sicht vielleicht kurios: Da die frommen Pilger aus Würzburg auf dem Fränkisch-Schwäbischen Jakobsweg Richtung Ulm nicht durch eine reformierte Gemeinde ziehen wollten, gibt es einen alternativen Pilgerweg durch die Weinberge außerhalb der Ortschaft. Ein kleiner Spaziergang führt in rascher Folge an den **Hauptsehenswürdigkeiten** des weniger als 2000 Einwohner zählenden Ortes vorbei:

Das zentral gelegene historische **Rathaus** aus der Mitte des 16. Jahrhunderts ist ein zweigeschossiger Muschelkalk-Bruchsteinbau mit Satteldach, Treppengiebel und Spitzbogenarkaden zur Straßenseite hin. Im großen Bürgersaal finden Weinproben und andere Veranstaltungen statt. Im Foyer des Rathauses sind in den Sommermonaten gelegentlich Kunstausstellungen zu sehen.

Schräg gegenüber dem Rathaus steht der **Ritter-Jörg-Brunnen.** Gleich dahinter befindet sich das Hotel und Restaurant Ritter Jörg (s. S. 69).

Nicht weit davon steht das Hauptgebäude von **Schloss Sommerhausen,** ein wie das Rathaus Mitte des 16. Jahrhunderts errichteter, dreigeschossiger Satteldachbau mit Treppenturm. Die steilen Treppengiebel der Seitenfassaden mit den Zieraufsätzen machen es zu einem beliebten Foto-Motiv.

Das **Weingut Schloss Sommerhausen** hat hier seinen Sitz und eine Verkaufsstelle. Von April bis Oktober erfolgt bei schönem Wetter Hofausschank im idyllischen Schlosshof! Die Öffnungszeiten entsprechen dann denen des Shops.

› **Tourist-Information** (im Rathaus), Hauptstraße 15, Tel. 09333 8256, www.sommerhausen.de/de/tourismus (mit vielen weiterführenden Informationen und Links), geöffnet: Nov.–April Mo.–Fr. 9–12, Mai–Okt. Mo.–Do. 9–12.30, Fr. 9–16.30, Sa. 9–15 Uhr, an Adventswochenenden mit Weihnachtsmarkt Sa./So. 13–18 Uhr

- **Stadtführungen** von Ostern bis Oktober Sa. 10.30 Uhr, ohne Voranmeldung, Treffpunkt vor dem Rathaus, Dauer: 1½ Stunden, Preis: 5 €. Tipp: Die Tourist-Information organisiert auch Nachtwächter- und Weinberg- sowie Destillaterlebnisführungen.
- **Weingut Schloss Sommerhausen,** Hauptstraße 25, Tel. 09333 260, www.weingut-schloss-sommerhausen.de, Öffnungszeiten Weinverkauf: Di.–Fr. 10–18, Sa. 10–16, So. und Feiertage 10–14 Uhr. Die Weinbautradition des Guts reicht bis in die erste Hälfte des 16. Jahrhunderts zurück. Stolz ist die mittlerweile 15. Winzergeneration unter anderem auf das Schloss-Sommerhausen-Schaumwein-Sortiment.

Die evangelisch-lutherische **Bartholomäuskirche** mit dem seitlich stehenden Kirchturm wurde im 13. Jahrhundert errichtet, um 1740 erweitert und 1957 mit Buntglasfenstern und einem schlichten Altartisch aus Muschelkalkstein versehen. Bemerkenswerte Kunstwerke im Innern der Kirche sind ein Christus mit Dornenkrone aus dem Jahr 1960 von Luigi Malipiero, dem Gründer des Torturmtheaters (s. S. 70), und ein modernes Gemälde des **Hl. Bartholomäus.** Was der Märtyrer so lässig über die Schulter geworfen trägt, ist übrigens seine eigene Haut. Hintergrund: Die Legende will, dass er als einer der zwölf Apostel Jesu unter anderem in Indien und Armenien predigte. Die ehrgeizige Mission erwies sich als Fehlschlag: Argwöhnische Bewohner dieser Länder sollen Bartholomäus bei lebendigem Leibe die Haut abgezogen und mit dem Kopf nach unten gekreuzigt haben.

- **Bartholomäuskirche,** Hauptstraße 10, Tel. 09333 229, www.kirche-sommerhausen.de → Kirchenführer

Sommerhausens berühmtester Sohn ist **Franz Daniel Pastorius** (1651–1719). Der Jurist und Schriftsteller wurde in dem denkmalgeschützten Fachwerkhaus geboren, in dem heute das Weingut und Hotel von Artur Steinmann und Familie (s. u.) untergebracht ist. Im August 1683 reiste der Sommerhausener an die nordamerikanische Ostküste, um im Auftrag einer Auswanderergesellschaft Land in Pennsylvania anzukaufen. Mit diesem Schritt begründete er die deutsche Überseewanderung. In den USA hat man Pastorius als standhaften Humanisten in bester Erinnerung. Eine 1688 von ihm verfasste Protestnote gegen die Sklaverei wird noch immer viel beachtet. Es ist der erste dokumentierte Widerstand gegen Menschenhandel in den späteren USA. Im Kuppelgemälde des Kapitols in Washington ist der prinzipienstarke Franke neben vielen anderen Berühmtheiten abgebildet.

Kulinarisches

Egal ob im Weinhaus oder im guten Restaurant: Weinfreunde sitzen in Sommerhausen an der Quelle. Bekannte **örtliche Lagen** heißen Ölspiel, Reifenstein und Steinbach.

- 20 **Hotel und Weingut im Pastoriushaus** €€, Plan 4, Tel. 09333 90460, www.artur-steinmann.de (mit aktuellem Terminkalender), Öffnungszeiten Weingut: Mo.–Sa. 8–12 und 13–18, So. 9–12 Uhr. Artur Steinmann, Präsident des Fränkischen Weinbauverbandes, und sein Team betreiben im historischen Pastoriushaus ein Weingut mit angeschlossenem Hotel. Namensgeber des im 17. Jahrhundert errichteten Gebäudes ist der erste deutsche Amerika-Auswanderer. An Weinerlebnissen bietet das renommierte Gut Weinberg-Führungen, Weinseminare und Weinproben. Es empfiehlt sich, rechtzeitig zu reservieren.

21 Oechsle & Brix €€, Maingasse 5, Tel. 09333 220, www.oechsle-brix.de. Im Weinhotel Oechsle & Brix finden Gäste elf hübsche Zimmer in fünf Kategorien. Angeschlossen ist das Lokal Lenis Coffee & Vino (Tel. 0151 46606693, www.lenis-coffeeandvino.de, Mo.-Mi./Fr. 17-22, Sa./So. 11.30-22 Uhr, bei gutem Wetter Außengastronomie im rebenumrankten Innenhof).

Alle empfohlenen Restaurants bieten auch Übernachtungsmöglichkeiten.

22 Hotel und Restaurant Ritter Jörg €€, Maingasse 14, Tel. 09333 97300, www.ritter-joerg.de. Restaurant geöffnet: Di.-So. und Fei. 11.30-14 und 17-22 Uhr (Do. mittags geschlossen), Frühstücksbuffet Mo.-Fr. 7-10 und Sa./So./Fei. 8-10.30 Uhr. Frische, saisonale Feinschmeckergerichte mitten in Sommerhausens kleinem Ortskern. Die rustikal eingerichtete Gaststube serviert Leckereien wie Zwiebelrostbraten vom Hirsch und italienische - auch vegane - Kost.

23 Restaurant Philipp €€€, Hauptstraße 12, Tel. 09333 1406, www.restaurant-philipp.de, Sa./So. 12-14.30 (Reservierungszeit 12-12.45), 18.30-23 (Reservierungszeit 18.30-19.30), Fr. 18.30-23 (Reservierungszeit 18.30-19.30 Uhr). Klein (maximal 30 Plätze) und als eines von Frankens kulinarischen Aushängeschildern äußerst fein. Wechselnde Menüs in fränkisch-französischem Ambiente. Kleiner Außenbereich entlang der gepflasterten Hauptstraße. Diverse Specials wie z. B. Kochabende oder das Theater-Menü-Arrangement. Das Gourmetrestaurant hat bereits viele Auszeichnungen erhalten, u. a. einen Michelin-Stern.

060wb ©WernerHilpert, stock.adobe.com

Eines von drei sehenswerten Sommerhausener Stadttoren

Weinstube

24 Schoppenfetzer €, Maingasse 12, Tel. 0176 47341515, https://weinstube-schoppenfetzer.business.site, geöffnet: Mo.-Sa. 18-22, So. 12-21 Uhr. Mit Außenbereich. Angeboten werden fränkische Spezialitäten, Flammkuchen, Pizza und vieles mehr. Weinproben ab zehn Personen.

Shopping

25 Naturwinkel, Rathausgasse 8, Tel. 904233, www.naturwinkel.de, geöffnet: März-Okt. Mi.-Sa. 11-16.30 sowie erster und letzter So. im Monat 11-14 Uhr, Nov.-Febr. wechselnde Öffnungszeiten. Naturmode und Galerie, Schmuck und Accessoires.

26 Schmuckleria, Rathausgasse 4, Tel. 9046744, www.schmuckleria.

de, geöffnet: Mi.-Sa. 10.30-18, Di./So. 13-18 Uhr (Jan.-März Di./Mi./Fr. jeweils eine Stunde kürzer und Sa. zwei Stunden kürzer). Modeschmuck, Trachtenaccessoires, Deko, Geschenkartikel und Floristik.

Theater

Sowohl Sommerhausen als auch die Nachbargemeinde Winterhausen auf der anderen Seite des Mains verfügen über überregional populäre Bühnen:

27 Theater Sommerhaus, Kirchgasse 11, Winterhausen, www.theater-sommerhaus.de, Tel. 09333 9049867, Kartenvorverkauf: **Tourist-Information in Sommerhausen,** Hauptstraße 15, Tel. 09333 8256, geöffnet: Mai-Okt. Mo.-Fr. 9-16.30, Sa. 9-15, Nov-April Mo.-Fr. 9-12, an den Adventswochenenden zusätzl. Sa./So. 13-18 Uhr; in Würzburg: **Tourist Information & Ticket Service** (s. S. 113) oder telefonisch beim Theater bzw. an der Abendkasse. Zur Aufführung kommen hier Stücke verschiedenster Genres. Die Ticketpreise sind moderat.

28 Torturmtheater, Hauptstraße 1, Sommerhausen, Tel. 09333 268, www.torturmtheater.de, übliche Spieltage: Di.-Fr. 20 Uhr, Sa. 16.30 und 19 Uhr, zusätzliche Termine an den Adventswochenenden, Eintritt: 19 € (ermäßigt 12 €), Karten-Vorbestellungen telefonisch Di.-Sa. ab 16 Uhr oder per E-Mail: kartenbestellung@torturmtheater.de. Seit Jahrzehnten ist das Torturmtheater ein Wallfahrtsort für Theaterfreunde, die das Besondere lieben! Die winzige Bühne versteckt sich im Treppengiebel-Torbogen des Würzburger Tores am nördlichen Ende der Altstadt. Auf seidenen Kissen genießen maximal 50 Besucher regelmäßig Uraufführungen von Stücken zeitgenössischer Autoren.

Unterkunft

Viele Sommerhausener Lokale (s. S. 68) bieten auch Übernachtungsmöglichkeiten. Bei folgenden Häusern ist es eher umgekehrt, d.h. sie verstehen sich als Unterkünfte mit gastronomischen Angeboten.

29 Gästehaus Mönchshof €, Mönchshof 7, 97286 Sommerhausen, Tel. 09333 97470, www.gaestehaus-moenchshof.de. Mitten im Ort. Gästezimmer und ein Appartement. Wein aus Eigenanbau in der Weinlaube und im Gewölbekeller. Die hauseigene Obstbrennerei destilliert rund ein Dutzend edle Brände vom Fränkischen Zwetschgenwasser bis zum Weinhefebrand.

30 Hotel Sonnenhöfle €, Hauptstraße 19, 97286 Sommerhausen, Tel. 09333 97170, www.sonnenhoefle.de. Sechs ruhige Zimmer und eine Ferienwohnung (Letztere ab drei Nächten Aufenthalt). Mitten im Ort. Im Sommer lädt der Innenhof zum Frühstücken ein. Wein, Sekt und Spirituosen bekommt man im hauseigenen Gewölbekeller von 1565. Die an das Gästehaus angeschlossene Restaurant-Bar „Die 19" bietet kleine kalte und warme fränkische Gerichte (geöffnet: Mo./Di./Do.-Sa. 18-22 Uhr).

31 Hotelgasthof Anker €, Tel. 09333 232, www.gasthof-anker.de. Verfügt dank der Lage direkt am Flussufer über eine Terrasse mit Mainblick. Den Betrieb des früher angeschlossenen Restaurants hat das traditionsreiche Haus 2022 eingestellt und fungiert seither als Hotel Garni. Übernachtung mit Frühstück.

Anreise

Sommerhausen wird von den Buslinien 554 und 555 passiert. Die Deutsche Bahn bedient den **Bahnhof Winterhausen** auf der gegenüberliegenden Mainseite an der Bahnlinie Würzburg-Treuchtlingen (Fahrzeit ab Würzburg 10 Minuten).

WÜRZBURG ERLEBEN

083wb ©spuno, stock.adobe.com

Würzburg für Kunst- und Museumsfreunde

Kunst ist in Würzburg allgegenwärtig. Das Mäzenatentum von Fürstbischöfen und wohlhabenden Bürgern bescherte vor allem der Altstadt ein beeindruckendes Quantum an Brunnen, Denkmälern, Statuen und Skulpturen aller Art aus den verschiedensten Epochen. Eine ordentliche Häufung von **Kunst unter freiem Himmel** bietet der Kiliansplatz 7 zwischen Dom 6 und Neumünster 8.

Museen

Die meisten Würzburger Museen befinden sich in oder an Top-Sehenswürdigkeiten. Beliebte Kombitickets sind die Verbundkarte für Domschatz und Museum am Dom sowie die Kombination Eintritt für das Museum für Franken und Führung durch die Festung Marienberg.

Vorseite: Von der Festung Marienberg 22 blickt man Richtung Altstadt

Bronzefigur auf dem Kiliansplatz 7

093wb ©Dietmar Rauscher, stock.adobe.com

› **Fürstenbaumuseum** in der Festung Marienberg 22. Stadtgeschichtliche Abteilung, außerdem kostbare Möbel, Teppiche und Gemälde von Bischöfen, die auf der Festung wohnten (s. S. 56). Bei Redaktionsschluss (Frühjahr 2023) war das Fürstenbaumuseum **wegen Sanierungsmaßnahmen geschlossen.**

M 33 [G5] **Johanna-Stahl-Zentrum für jüdische Geschichte und Kultur in Unterfranken,** Valentin-Becker-Straße 11, www.johanna-stahl-zentrum.de, Tel. 18275, geöffnet: Mo.–Do. 13–17, Fr. 9–13 Uhr, an jüdischen und gesetzlichen Feiertagen geschlossen, Eintritt frei. Im dritten Stockwerk desselben Gebäudes wie das Museum Shalom Europa. Eine Besonderheit sind Zeitzeugeninterviews an der Videostation.

› **Martin-von-Wagner-Museum** in der Residenz 1. Antikensammlung, Gemälde, Skulpturen und Graphiken (s. S. 23).

M 34 [D4] **Museum am Dom,** Kiliansplatz, Tel. 38665600, www.museum-am-dom.de, Di.–So. und feiertags 12–17 (von April bis Oktober bis 18 Uhr), Eintritt: 5 € (ermäßigt 4 €), Führungen 3 € p. P. Eine Besonderheit sind die Kinderführungen (ab 6 Jahren) jeden ersten Samstag im Monat um 15 Uhr. Unmittelbar neben dem Kiliansdom 6 zeigt das Museum am Dom alte und neue Kunst in einer spannungsreichen Gegenüberstellung: Ausgestellt sind Arbeiten aus der Romanik, der Gotik, dem Barock und der Moderne. Hochkarätige Künstler sind hier vertreten: Tilman Riemenschneider, Johann Zick, Keith Haring, Pablo Picasso, Andy Warhol und viele andere.

› **Museum für Franken** in der Festung Marienberg 22. Gemälde, Plastiken und Kunsthandwerk aus Würzburg und

065wb-js

Umgebung von der Frühzeit bis ins 19. Jahrhundert – darunter viele Arbeiten des spätgotischen Spitzenskulpteurs Tilman Riemenschneider (s. S. 56).

› **Museum im Kulturspeicher** 21. Exponate der vormaligen Städtischen Galerie und aus bedeutenden Nachlässen. Auch Wechselausstellungen (s. S. 54).

35 [G5] **Museum Shalom Europa,** Valentin-Becker-Straße 11, Tel. 4041441, www.museumshalomeuropa.de, geöffnet: Mo.–Do. 10–16, So. und feiertags 11–16 Uhr, Eintritt: 3 €, ermäßigt 2 €, Führung ab 20 € (pro Gruppe). An jedem ersten Sonntag im Monat ab 11.15 Uhr öffentliche Museumsführungen. Das Museum der Jüdischen Gemeinde stellt über 900 Jahre jüdischen Lebens in Mainfranken vor. Ausgestellt sind unter anderem Fotos, Grafiken, mittelalterliche Grabsteine und Gebetbücher. Nach Absprache kann auch die im Gebäudekomplex untergebrachte Synagoge besichtigt werden.

Die ARTE NOAH (s. S. 74) dümpelt in Sichtweite der Weinbaulage Stein

36 [D2] **Röntgen-Gedächtnisstätte,** Röntgenring 8, Tel. 35116480, www.wilhelmconradroentgen.de (mit virtueller Ausstellung), geöffnet: Mo.–Fr. 8–14 Uhr, Eintritt frei. Besucher können in Röntgens Original-Labor diverse Apparaturen besichtigen und sich einen kurzen Info-Film ansehen. Einstündige Führung für Gruppen nach Voranmeldung (kostenpflichtig).

37 Siebold-Museum, Frankfurter Straße 87, Tel. 413541, www.siebold-museum.byseum.de, geöffnet: Di.– So. 14.30–17.30 Uhr und nach Vereinbarung. Eintritt: 4,50 € (ermäßigt 3,50 €). Das kleine Museum ist Leben und Werk des Japanforschers Philipp Franz Balthasar von Siebold (1796–1866) gewidmet. Siebolds Studien bildeten seinerzeit die Grundlage der europäischen Japanforschung, zudem lehrte er in Japan europäische Wissenschaften. Bis heute ist er dort eine bekannte Persönlichkeit. So gibt es in Nagasaki seit 1989 ebenfalls ein Museum zu Ehren Siebolds.

KURZ & KNAPP

Nothelfer-Glaube

Das „Spital zu den 14 Nothelfern" (siehe rechts) heißt nicht von ungefähr so. Im stark katholisch geprägten Würzburg glaubten viele fest an die Hilfe bestimmter Heiliger, die man bei jeweils genau zugeordneten Leiden im Gebet als **Schutzpatrone** anrufen konnte.

Gerne werden die einzelnen Heiligen mit ihren spezifischen Charakteristika abgebildet, der Hl. Dionysius zum Beispiel hält sein Haupt in Händen. Der Märtyrer wurde geköpft – was ihn für den Zuständigkeitsbereich Kopfschmerzen qualifiziert. Drei besonders gelungene Arbeiten zu den 14 Helfern in Würzburg:

› **Museum für Franken** (s. S. 58): zeigt ein sensationelles, von Tilman Riemenschneider (s. S. 42) für das „Spital zu den 14 Nothelfern" geschaffenes Relief
› **Stift Haug** 19: Die Nothelfer bevölkern die Nischen der Fassade. Welche erkennen Sie (s. S. 53)?
› **Veitshöchheim** 29: Nothelfergruppe vom Beginn des 18. Jahrhunderts in der Pfarrkirche St. Vitus (s. S. 65)

094wb ©Franz Gerhard, stock.adobe.com

Kunstgalerien

› **BBK-Galerie im Kulturspeicher** 21, Tel. 50612 (BBK Unterfranken), www.bbk-unterfranken.de, geöffnet: Fr./Sa. 15–18, So. 11–18 Uhr. Der „Berufsverband Bildender Künstler Unterfranken" (BBK) betreibt im rechten Flügel des Kulturspeichers eine Galerie für zeitgenössische Kunst von Mitgliedern und Gast-Künstlern (s. S. 54). Schwerpunkte sind Malerei, Bildhauerei, Objektkunst und Fotografie. Aber auch Performance und Mixed Media kommen vor. Das **Künstlerhaus Würzburg** im UG des Gebäudes (Mi./Do. 9–18, Fr./Sa. 15–18, So. 11–18 Uhr) zeigt Ausstellungen mit dem Schwerpunkt Druckgrafik.

G38 [B4] **Galerie Spitäle,** Zeller Straße 1, Tel. 44119, www.vku-kunst.de/spitaele, geöffnet: Di.–So. 11–18 Uhr. Die ehemalige Kirche des „Spitals zu den 14 Nothelfern" neben der Alten Mainbrücke am Fuß des Festungsbergs dient als Ausstellungsort der Vereinigung Kunstschaffender Unterfrankens (VKU). Neben Ausstellungen bildender Kunst werden hier auch kleine Konzerte, Lesungen und Ähnliches abgehalten. Eintritt frei. Rollstuhlfahrer klingeln am Eingang im Hof.

G39 [B1] **Kunstschiff ARTE NOAH,** Veitshöchheimer Straße 5 (im Hafenbecken hinter dem Kulturspeicher), Tel. 45249760), www.kunstverein-wuerzburg.de, geöffnet: Do.–Sa. und an Feiertagen: 15–18, So. 12–18 Uhr. Nur bei Ausstellungsbetrieb geöffnet. Der Kunstverein Würzburg organisiert wechselnde Ausstellungen zeitgenössischer Künstler auf einem ehemaligen Frachtkahn. Der umgebaute Laderaum wird auch für andere Events wie kleine Konzerte und Vorträge genutzt.

Kunst-Tempelchen: die Galerie Spitäle

Würzburg für Genießer

Fleeschküchlich, Würscht und Schäufele – fränkische Küche

Die Franken haben es sehr mit **Fleisch** und **Wurst**, wussten schon Reiseführer früherer Epochen zu berichten. Daran hat sich bis heute nichts geändert: Fleeschküchlich (Fleisch-Küchlein aus gewürztem Hack), fränkisches Schäufele (gebratene Schweineschulter mit Klößen und Blaukraut = Rotkohl), Krautwickel (Kohlrouladen) und viele andere deftige bis deftigste Gerichte stehen hoch im Kurs.

Blaue Zibfl/Zipfel sind in einem Essigsud gegarte Bratwürste, die durch diese Behandlung eine leicht bläuliche Färbung erhalten.

Besonders schweres Geschütz wird bei der variantenreichen fränkischen **Schlachtplatte** aufgefahren: Hier kann alles auf den Tisch kommen, was an einem Schwein dran und drin ist: Kesselfleisch, Blut- und Leberwurst, Schwartenmagen, Rot- und Weißgelegter, Geräuchertes, Innereien („Schnickerli") und vieles mehr. Erfahrene Schlachtplatten-Spezialisten machen auch vor Ohren, Rüssel und Thymusdrüse nicht halt.

Außerdem gibt es delikate **Meefischli** – ins Standarddeutsche übersetzt heißt diese beliebte lokale Spezialität „Main-Fischlein". Bei diesen Fischchen handelt es sich um **kleine schlanke Flussfische** aus der Region, idealerweise Ukeleien, Rotfedern oder Rotaugen, die paniert und dann mitsamt Kopf und Schwanz gebacken oder frittiert werden. Authentische Meefischli werden fangfrisch zubereitet und ohne Besteck verspeist. Dazu werden Weißbrot und Frankenwein gereicht. Traditionalisten lehnen die in den Main eingewanderte und inzwischen stark verbreitete Fischart Grundeln als Grundlage für ihre Meefischli ab.

Ein authentisches Würzburger Meefischli darf nach altem lokalen Brauch übrigens keinesfalls länger sein als der **kleine Finger** des Frankenapostels Kilian auf der Alten Mainbrücke (13). Die Stadt Würzburg beklagt, dass pietätlose Vandalen die Hand mit dem maßgeblichen Finger regelmäßig verunstalten oder beschädigen.

Frankens nutritive Antwort auf Burger, Döner und sonstiges Fast Food ist der **Kloß mit Soß**, also ein Kartoffelkloß mit Bratensoße. Im Inneren dieses fränkischen Kloßes befinden sich typischerweise Weckbröckele, also kleine Brötchen-Stücke (Croûtons).

Andere beliebte **Sättigungsbeilagen** sind Kartoffelbrei (Püree) und Weckklöß (Semmelknödel). Ein typischer Imbiss ist der G(e)rupfte, ein Brotaufstrich auf Weichkäsebasis, vergleichbar dem bayerischen Obatzter.

Nationalgericht ist das traditionelle **Fränkische Hochzeitsessen:** Tafelspitz mit Bandnudeln, Meerrettich und Preiselbeeren.

Unter den örtlichen „Würschtlich" gibt es auch eine (typische) Würzburger Bratwurst, nämlich die **Geknickte:** Tüchtig gewürzt ist sie von Form und Inhalt her einer Thüringer Rostbratwurst nicht unähnlich, also relativ dick und lang. Allerdings wird sie nicht auf dem Rost zubereitet, sondern in der Pfanne. Umgeknickt ist sie, damit sie besser in den Weck, also ein Weizenbrötchen, passt. Würzburg-typische Beilage ist Senf in den Mengen „mit" (= reichlich) oder „aweng" (= wenig).

Zu den meisten fränkischen Gerichten passen sowohl Bier als auch Frankenwein. Typischer Nachtisch ist das **(Obst)Bödele**, ein mit Früchten der Saison und Tortengussglibber beladener Mürbeteigboden.

Internettipps: Wer sich durch die umfangreiche Liste unterfränkischer kulinarischer Spezialitäten klickt, erfährt unter www.wuerzburgwiki.de/wiki/Kategorie:Kulinarisches viel über Hintergründe und Zubereitung. Die Website der Fränkischen Würzburger Innenstadtwirte bietet weitere Infos zu regionalen Köstlichkeiten und gibt Tipps, wo man sie bekommt (www.culinaria-wuerzburg.de).

Literaturtipp: „Lebensart genießen – in und um Würzburg: Essen, Trinken, Ausgehen – Wohnen, Mode, Schmuck – Kunst, Kultur, Natur“, von Oliver van Essenberg (Hrsg.), 272 Seiten, selekt 2012. Genießen schließt den leiblichen Genuss ein, beschränkt sich aber nicht auf diesen, so das Credo des schicken Führers zu kulinarischen und anderen Highlights in und um Würzburg. Die Tipps sind mit hintergründigen Geschichten garniert und aufwendig bebildert. Das ein oder andere Rezept, z. B. für „Delikate Wildsülze“, regt zum Nachkochen an. In derselben Reihe gibt es auch Titel zu anderen großartigen Zielen, z. B. Bamberg.

KURZ & KNAPP

Die **Mainfränkische Küche** ist geprägt von einfacher, oft deftiger und stets schmackhafter, **„ehrlicher“ Kost.** Vom **Frankenwein** heißt es, dass Goethe ohne seinen Lieblings-Rebensaft weit weniger produktiv gewesen wäre.

Kleine Frankenweinkunde

Schon Johann Sebastian Bach und Johann Wolfgang von Goethe haben dem Frankenwein tüchtig zugesprochen. Aber warum gerade Rebensaft aus diesem Landstrich? Drei Faktoren machen den Wein aus Würzburg und Umgebung zu etwas ganz Besonderem: die vom Wasserspiegel des Mains noch verstärkten vielen **Sonnenstunden**, der hervorragend die Wärme speichernde **Muschelkalkboden** und über 1200 Jahre **Winzer-Erfahrung.**

Die in Mainfranken populärsten Rebsorten und ihre Charakteristika im Überblick:

› **Klassiker:** Silvaner: kräftig und vollmundig (Kreuzung aus Traminer und Österreichisch Weiß), Riesling: fruchtig-elegant („König“ der Weißweine, weinhistorische

Ein Bocksbeutel-Sortiment verwöhnt Auge und Gaumen

> **Gastro- und Nightlife-Areale**
> Bläulich hervorgehobene Bereiche in den Karten kennzeichnen Gebiete mit einem dichten Angebot an Restaurants, Bars, Clubs, Discos etc.

Zufallskreuzung), Müller-Thurgau: mild (Kreuzung aus Riesling und Silvaner oder Madeleine Royale)

› **Neuere Züchtungen:** Bacchus: aromatisch und fruchtig (Kreuzung aus Silvaner und Riesling mit Müller-Thurgau), Kerner: feinfruchtig (Kreuzung aus Trollinger und Riesling), Scheurebe: rassig und fruchtig (Kreuzung aus Riesling und Bukettraube)

› **Tipp:** Am Weinwanderweg Schlossberg und Leiste (s. S. 50) sind oberhalb des Maschikuliturms zu Lehrzwecken alle gängigen Rebsorten nebeneinander gepflanzt.

Die gebräuchlichen Kategorien für **Qualitätsweine** von Standard bis exzellent (und teuer) lauten: Kabinett, Spätlese, Auslese, Beerenauslese, Trockenbeerenauslese.

Das in Weinstuben und Restaurants üblicherweise georderte Quantum heißt **Schoppen** (0,25 l). Wer regelmäßig viele davon einnimmt, also ordentlich „schöppelt", darf sich stolz „Schoppenfetzer" nennen. Die für Frankenwein gebräuchliche Flasche ist der insgesamt flache, an den Seiten aber bauchige **Bocksbeutel**, einer Feldflasche nicht unähnlich. Sein Inhalt beträgt normalerweise 0,75 l (drei fränkische Schoppen). Gegenüber Standard-Weinflaschen hat der Bocksbeutel einen entscheidenden Vorteil: Er kann seinem durstigen Besitzer nicht davonrollen.

Sehr populär ist auch der **Bremser**, die fränkische Variante des zur Zeit der Weinlese in allen Anbaugebieten ausgeschenkten Federweißen, also frisch gärender, süßer Traubenmost. Am besten schmeckt er in Kombination mit ofenfrischem **Zwiebelkuchen**, dem Zwieflblohds. Aber Achtung: Nicht nur Genießer mit empfindlichem Magen sollten bei beiden Leckereien vorsichtig sein. Viele loten mit zwei Stück Blohds und zwei Gläschen Most bereits die Grenzen der persönlichen Verträglichkeit aus.

In heißen Sommermonaten lassen sich selbst Wein-Puristen gerne eine **Schorle** mixen, also einen Drink aus einem Achtelliter Wein und derselben Menge Mineralwasser. Der Begriff soll übrigens auf eine Verballhornung des französischen Trinksprüchleins auf die Liebe „toujours l'amour" zurückgehen.

Würzburg wartet Jahr für Jahr mit mehreren großen und vielen kleineren **Weinfesten** auf (s. S. 93).

› **Literaturtipp:** „Frankens Reben im Portrait", von Carlheinz Gräter, Mainpresse Richterdruck Würzburg 1990. Alles Wissenswerte über die Rebsorten Weinfrankens. Mit vielen Abbildungen.

Hervorhebenswerte Lokale

Fränkische Gastlichkeit lässt sich in vielen Gaststätten und Weinstuben erleben. Denn in einer Region, die kulinarischen und bacchischen Genüssen so zugetan ist, herrscht kein Mangel an Restaurants und ähnlichen Lokalen.

Die im Folgenden empfohlenen Lokalitäten betreiben informative Websites mit aussagekräftigen Fotos – oft sogar mit 360-Grad-Ansichten oder virtuellen Rundgängen.

Ob ein Würzburger Restaurant oder Café alteingesessen ist, lässt sich manchmal an der **Telefonnummer** ablesen: Die fünfstelligen deuten da-

Preiskategorien

Die Preise beziehen sich auf für das jeweilige Lokal typische Hauptgerichte.

€	bis 20 Euro
€€	20–30 Euro
€€€	ab 30 Euro

rauf hin, dass der Anschluss schon vor Jahrzehnten eingerichtet wurde. Neuere Rufnummern sind sechs- oder siebenstellig. Natürlich gilt das nicht ausnahmslos und auch ein traditionsreiches Lokal kann eine längere Durchwahl haben.

Restaurants

40 [C4] **Alte Mainmühle** €€, Mainkai 1, Tel. 16777, www.alte-mainmuehle.de, geöffnet: tägl. 11–23 Uhr. Den „Balkonschoppen", d. h. ein Gläschen Frankenwein, genießt man auf einem der mainseitigen schmalen Balkone, den „Brückenschoppen" hingegen auf der Alten Mainbrücke 13. Das Restaurant serviert kulinarisch gehobene Küche mit lokalen und internationalen Spezialitäten. Für die schicke Innengestaltung wurde tüchtig Holz verbaut. Populärer deftiger Snack „to go" direkt vom Grill auf die Hand sind die drei Mühlenbratwürste im Kümmelweck (Brötchen) mit Senf.

41 [D5] **Auflauf** €, Peterplatz 5, Tel. 571343, www.auflauf-wuerzburg.de, geöffnet: tägl. 12–14.30 und 17.30–23 Uhr. Alles, was man überbacken kann! Gäste wählen aus der Karte von sardischem Auflauf über „Das letzte Weinhorn" bis hin zu einem Männer-Auflauf oder stellen sich ihr Gericht selbst zusammen. Auch vegetarische und vegane Varianten werden gereicht, außerdem Cocktails, Limonaden und Desserts. Kleiner Außenbereich und mittags (Mo.–Fr. 12–14.30 Uhr) Sonderangebote.

42 [E4] **B. Neumann** €€, Residenzplatz 1, Tel. 46771944, www.b-neumann.com, geöffnet: Mi.–So. 11.30–18 (Küche bis 17 Uhr), im Sommer Biergarten. Moderne fränkische Küche im altehrwürdigen Gesandtenbau neben der Residenz. Wird auch als Café-und Wein-Bar geschätzt. Der Name ist eine Hommage an den Erbauer der Residenz: Balthasar Neumann.

43 [C4] **Backöfele** €€, Ursulinergasse 2, Tel. 59059, www.backoefele.de, geöffnet: Mo.–Do. 17–23, Fr. 17–24, Sa. 12–24, So./Fei. 12–23 Uhr. Bodenständige fränkische Küche in uriger Atmosphäre nicht weit von Rathaus 12 und Alter Mainbrücke 13. Auf der Karte stehen Schmankerl wie Fränkische Scheurebensuppe mit Zimtkrusteln oder gefüllte Bauernentenhälfte mit Apfelblaukraut, aber auch Blaue Zipfel (s. S. 75).

44 [D5] **Capri Blaue Grotte** €, Elefantengasse 1, Tel. 35831243, https://capri-blaue-grotte.business.site, geöffnet: Di.–Do. 12–23, Fr./Sa. 12–24 Uhr. Am 24. März 1952 in einer Seitengasse der heutigen Kneipen- und Feiermeile Sanderstraße (s. S. 84) gegründet, gilt das Lokal als Deutschlands älteste (!) Pizzeria. Das Kellergewölbe ist der namensgebenden Grotte nachgebildet. Kleiner Außenbereich. Reservierung ratsam.

45 [D5] **Frau Om kocht** €€, Peterstraße 14, Tel. 27896570, www.frau-om-kocht.de, geöffnet: Di.–Fr. 11.30–14.30 und 17.30–23, Sa./So. 17.30–23 Uhr. Ursprünglich aus einem Catering-Service hervorgegangen, ist das authenthische koreanische Restaurant inzwischen berühmt und beliebt für frisch gegrilltes BBQ, So-Bulgogi (eine Variante des

Die Schänke zur alten Wache (s. S. 59) bietet einen schönen Rahmen für ein Essen

Fleischgerichts Bulgogi, die Frau Om ganz hervorragend beherrscht) und seinen Mittagstisch. Auch vegetarische und vegane Gerichte.

46 [C3] **Hans im Glück** €, Marienplatz 3, Tel. 46621699, www.hansimglueck-burgergrill.de. Kaum eröffnet, wurde die zentral gelegene Burgerketten-Filiale in Würzburg schnell sehr populär. Auch fleischlose Kost. Bei gutem Wetter sind die Tische im Freien schnell belegt.

› **KUNO 1408** €€€, Tel. 30931408, www.restaurant-kuno.de, geöffnet: Mi.–Sa. 18–22 Uhr, vor allem im Sommer lange Betriebsferien. Das zum Hotel Rebstock (s. S. 127) gehörende Restaurant ist stolz auf seinen Michelin-Stern. Mit der ungewöhnlichen Bezeichnung KUNO 1408 möchte man einen spätmittelalterlichen Betreiber dieses Namens ehren.

47 [C4] **La Rustica** €, Karmelitenstraße 29, Tel. 46538811, www.larustica-wuerzburg.de, geöffnet: tägl. 11.30–23 Uhr (warme Küche bis 22 Uhr). Schickes Ambiente und kleiner Außenbereich. Pizza für unter 10 €. Beliebt ist auch der Mittagstisch (Mo.–Fr.)

48 [D3] **Pasta e Olio** €, Eichhornstraße 6, Tel. 0172 6642937, www.pasta-e-olio.de, geöffnet: Mo.–Mi. 11–20, Do.–Sa. 11–21 Uhr. Handgemachte Nudeln verschiedenster Art als Grundlage für viele italienische Gerichte, einige davon überraschend günstig, z. B. die „Pastavariation". Beliebter Mittagstisch.

› **Ratskeller** €€, Langgasse 1 (Zugang aber auch an der Vorderseite des Grafeneckart-Turms), Tel. 13021, www.wuerzburger-ratskeller.de, geöffnet: tägl. 10–24 Uhr. Im Keller des historischen Würzburger Rathauses 12 kommen vor allem lokale Spezialitäten auf den Tisch, z. B. Schweinefilet-Medaillons („Ratskellerpfanne"). Mehrere Außenbereiche.

49 **REISERS am Stein** €€€, Mittlerer Steinbergweg 5, Tel. 286901, www.der-reiser.de, geöffnet: Mo./Di./Fr./Sa. ab 17 Uhr. Hoch über der Stadt und mitten in den Weinbergen hat man sich den Michelin-Stern durch Haute Cuisine verdient. Legendär sind die vielen verschiedenen Kochkurse der REISERS Kochschule (Details und Reservierung siehe Website).

50 [D4] **Tilmans Steakhaus** €€, Franziskanergasse 1a, Tel. 54271, www.tilmans-steakhaus.de, geöffnet: Mi.–Sa. 17–21 Uhr. Im historischen Tilman-Riemenschneider-Haus werden u. a. feinste Filetsteaks serviert. Besonders beliebt ist die auf einem heißen Stein zubereitete Variante der Delikatesse. Die Gäste dinieren im Obergeschoss und im mittelalterlichen Gewölbekeller. Reservierung empfohlen. Im Keller ist auch „Tilmans Vinothek" untergebracht.

51 [C3] **Wirtshaus Lämmle** €€, Marienplatz 5, Tel. 54748, www.wirtshaus-laemmle.de, geöffnet: Mo.–Sa. 11–23 (Küche bis 22 Uhr). Das fränkische Traditionsgasthaus bietet direkt neben der Marienkapelle 10 vornehmlich deftige Kost in rustikalem Ambiente mit Holztäfelung. Im Sommer kann im Außenbereich auf dem Marienplatz gespeist werden.

084wb-js

Meine Tipps

Der erste Kaffee

Ein schneller Cappuccino, ein ausgiebiges Frühstück oder ein opulenter Brunch – auf alle Wünsche ist das Café Schönborn bestens eingestellt. Und für Langschläfer gibt es bis 15 Uhr Frühstück. Zweigeschossig und mit reichlich Tischen direkt davor liegt das Café strategisch günstig neben der Marienkapelle 10. Von 11 bis 23 Uhr sind auch kleine und etwas größere Speisen im Angebot. Da das Schönborn bis Mitternacht geöffnet hat, kann man hier nicht nur den ersten, sondern auch den letzten Kaffee des Tages zu sich nehmen.

52 [D4] **Café Schönborn** €, Marktplatz 30, Tel. 4044818, www.cafe-schoenborn.de, geöffnet: Mo.–Sa. 8.30–24, So. und feiertags 9–24 Uhr

Wem 8.30 Uhr schon zu spät sein sollte, der freut sich über die Öffnungszeiten des ebenfalls sehr zentral gelegenen Marktcafé Brandstetter. Hier genießen Frühaufsteher, Schichtarbeiter und Nachtschwärmer Seite an Seite Kaffee und frisch Gebackenes.

53 [C3] **Marktcafé Brandstetter** €, Marktgasse 3, Tel. 354880, www.marktcafe-brandstetter.de (mit virtuellem Rundgang durch die Backstube), geöffnet: Mo.–Fr. 6–18, Sa. 6–16, So./Fei. 8–13 Uhr

Dinner for one

Morgenmuffel und andere, die einfach mal für sich sein möchten, gehen ins **Café Brückenbäck** (s. S. 84), wählen einen Platz an einem der Panoramafenster mit Blick auf die Alte Mainbrücke 13 und lassen beim Lieblingsgetränk die Seele baumeln. Überhaupt haben es eher introvertierte Zeitgenossen in Würzburg relativ leicht: Unterfranken bringen in aller Regel Verständnis dafür auf, wenn jemand mal in Ruhe gelassen werden möchte.

Für den späten Hunger

Wen nach 23 Uhr noch oder wieder der Hunger plagt, der könnte seine Schritte zu Alis Schlemmer Eck an der Juliuspromenade lenken. Vor allem freitags und samstags gibt es hier auch spätnachts noch Deftiges.

54 [C3] **Alis Schlemmer Eck** €, Juliuspromenade 24, Tel. 29996958, Facebook, geöffnet: So.–Do. 10.30–24, Fr./Sa. 10.30–5 Uhr

Extralange Öffnungszeiten bietet außerdem die Kneipe **Biertümpel** (s. S. 85) auf der anderen Mainseite unweit der Alten Mainbrücke 13. Auch hier dürfen hungrige Nachtschwärmer meist noch weit nach Mitternacht mit einem warmen Imbiss rechnen.

Lecker vegetarisch

Es gibt kaum ein Lokal, das nicht mindestens ein oder zwei leckere vegetarische Gerichte auf der Karte hat.

Nicht nur bei Vegetariern und Veganern sehr beliebt ist die **fruchtbar** ganz in der Nähe des Doms 6. Spezialität sind frisch gepresste Obst- und Gemüsesäfte. Außerdem gibt es noch einige andere Leckereien, z. B. Frozen Yogurt, Heißgetränke und warme vegetarische Snacks.

55 [D4] **fruchtbar** €, Plattnerstraße 4, Tel. 4655133, www.fruchtbar-wuerzburg.de, geöffnet: Mo.–Sa. 10–18.30 Uhr

Lokale mit guter Aussicht

56 [C3] **Laconda** €, Kranenkai 1, www.locanda.de/wuerzburg, Tel. 15600, Mo.–Do. 11.30–21.30, Fr./Sa. 11.30–22.30 Uhr. Vom Außenbereich dieses italienischen Restaurants aus genießen Gäste eine idyllische Aussicht: Der Blick schweift vorbei am historischen Hebekran

„Alter Kranen“ 14 und über den Main hinweg Richtung Marienberg. Klassisch italienische Kost und auch vegane Speisen. Happy Hour (Cocktails und Longdrinks günstiger) täglich 17–19, Fr./Sa. auch ab 22 Uhr.

60 [B7] **Nikolaushof** €€, Johannisweg 2 (Navi: Albert-Günther-Weg), Tel. 797500, www.nikolaushof.com, geöffnet: Mai–Sept. Di.–Fr. 14–23, Sa./So./Fei. 12–23, Küche jeweils bis 21.30 bzw. So. bis 21 Uhr, bedienter Bereich 17.30–23 und Sa./So./Fei. zusätzlich 12–14 Uhr. Oktober–April verkürzte Öffnungszeiten (siehe Website), im Januar Betriebsferien. Das Restaurant und Ausflugslokal befindet sich wie die nahe Wallfahrtskirche Käppele 24 erhöht auf dem Hang über dem Westufer des Mains. Wenn das Wetter es erlaubt, werden die fränkischen und internationalen Speisen auch draußen auf der Terrasse serviert.

› **REISERS am Stein** (s. S. 79)

› **Schänke zur Alten Wache** (s. S. 59) auf der Festung Marienberg 22 (Achtung: bei Redaktionsschluss im Frühjahr 2023 wegen Bauarbeiten bis auf weiteres geschlossen)

61 **Schützenhof** €€, Mainleitenweg 48 (Zufahrt über Frankenwarte oder Steinbachtal), Tel. 72422, www.schuetzenhof-wuerzburg.de, geöffnet: Di.–Sa. 11–23, So./Fei. 11–21 (warme Küche jeweils 11.30–20.30), Ende Okt.–Mitte Dez. nur Mi.–Sa. 12–23, So./Fei. 12–16 Uhr. Seit 1862 genießt man hier nicht nur ehrliche Hausmannskost, sondern auch den fantastischen Blick über Würzburg. Im Außenbereich sitzt man idyllisch unter alten Kastanienbäumen. Für kleine Gäste gibt es ein hölzernes Baumhaus mit Naturspielplatz. Der Beeren- und Kirschwein aus eigener Herstellung kann auch online bestellt werden.

Weinstuben

Im Stadtgebiet gibt es über ein Dutzend traditionsreicher Weinstuben. In früheren Zeiten waren es noch einige mehr. Die an **große Weingüter** angeschlossenen **Lokale** bieten logischerweise ihre eigenen Erzeugnisse an. Außerdem kann man hier lecker essen und dabei in der warmen Jahreszeit im Freien sitzen.

57 [E3] **Bürgerspital Weinstuben** €€, Theaterstraße 19, Tel. 352880, www.buergerspital-weinstuben.de, geöffnet: tägl. 11–24 Uhr. Traditionsreiche Weinstuben und modernes Restaurant. Letzteres bietet Online-Reservierung an. In der „Weinbar“ gibt es auch Cocktails.

58 [D2] **Weinstuben Juliusspital** €€, Juliuspromenade 19 (Ecke Barbarossaplatz), Tel. 54080, www.juliusspital-weinstuben.de, geöffnet: tägl. 11–24 Uhr. Moderne Küche in rustikalem, traditionsreichem Ambiente.

› An das Weingut, das unmittelbar an der Weinbaulage **„Würzburger Stein“** (Tel. 25808, www.weingut-am-stein.de, s. S. 93) liegt, ist das Restaurant „REISERS am Stein“ (s. S. 79) angegliedert. Außerdem gibt es ein Gästehaus und für Wein-Verkostungen das avantgardistische **„WeinWerk am Stein“**.

„Freie“ Weinstuben sind nicht an ein bestimmtes Weingut gebunden und haben daher eine größere Auswahl fränkischer Weine im Angebot. Stets werden auch Speisen gereicht. Die Abgrenzung zu einem guten Restaurant ist daher oft eher theoretisch:

59 [D3] **Maulaffenbäck** €, Maulhardgasse 9, Tel. 46778700, www.maulaffenbaeck.info, geöffnet: Mo.–Do. 11–23, Fr./Sa. 11–24 Uhr (warme Küche jeweils bis 21 Uhr). Sehr zentral gelegene, traditionsreiche Weinstube in rustikalem Ambiente. Auch kleine Gerichte und Brotzeiten werden hier gereicht.

MEIN TIPP

Till Eulenspiegel – Bierkeller, Weinstube und Karaoke auf einen Streich

Der „Till" ist eine bei Einheimischen und Besuchern gleichermaßen beliebte Institution, die sich nicht so einfach kategorisieren lässt. Statt sich für ein Dasein als Weinstube oder Bierkeller zu entscheiden, bietet sie einfach beides! Die Räumlichkeiten sind mit reichlich Holz äußerst urig eingerichtet - im Gegensatz zu den schicken, modernen Gästezimmern des kleinen angeschlossenen Hotels. Zweimal im Monat Karaoke.

64 [D5] **Till Eulenspiegel** €, Sanderstraße 1a, Tel. 35813055 (Bierkeller), 35813056 (Weinstube), 355840 (Hotel), www.hotel-till-eulenspiegel.de (mit virtuellen Rundgängen), geöffnet: Bierkeller Di.-Sa. 18-1, Weinstube Mi.-Sa. 18-1 Uhr

62 [C3] **Restaurant und Weinhaus Stachel** €€, Gressengasse 1, Tel. 52770, www.weinhaus-stachel.de, geöffnet: Di.-Fr. 17-24, Sa. 11.30-24 (letzte Bestellung jeweils 21.15 Uhr). Schon seit 1413 (kein Druckfehler!) wird im „Stachel" gezecht und geschlemmt. Zur Zeit der Bauernkriege konspirierten hier die Aufständischen. Ältester Gebäudeteil ist ein romanisches Doppelportal aus der Zeit um 1200. Im Sommer sind die Plätze im malerischen Renaissance-Innenhof die begehrtesten. Eine Spezialität des Hauses ist das äußerst deftige „Stachel Pfännle". Auch vegane Kost.

63 [D3] **Weinstube Halbleib** €, Kolpingstraße 9, Tel. 51916, Facebook, geöffnet: Di.-Sa. 16-24 Uhr. Das Halbleib versteckt sich geschickt hinter einer unscheinbaren Fassade. Viele Stammgäste pilgern regelmäßig in die rustikale Stube, wo auch kleine Gerichte serviert werden. Im Sommer Außenbereich im lauschigen Innenhof.

095wb ©Falko Göthel, stock.adobe.com

Lokale mit Biergärten

In der warmen Jahreszeit strömen die Durstigen in die zahlreichen Biergärten Würzburg.

65 [C3] **Alter Kranen** €, Kranenkai 1, Tel. 99131545, www.alterkranen.de, geöffnet: täglich 12–23 Uhr. Großer Biergarten auf der Bastion des historischen Hebekrans gleichen Namens.

66 [C4] **Goldene Gans** €, Leonhard-Frank-Promenade (nahe des westlichen Endes der Alten Mainbrücke 13), Tel. 43159, www.goldene-gans-wuerzburg.de, geöffnet: während der Biergartensaison tägl. 11–23 Uhr (wetterabhängig), Reservierungen unter Tel. 0176 24476389

Bier und Wein schmecken natürlich auch links vom Main:

67 [A4] **Mennas Time Out** €, Frankfurter Straße 1, Tel. 44004, www.timeout-wuerzburg.de, geöffnet: Mo. 17–23, Di.–Fr. 12–14.30 und 17–23.30, Sa./So. 12–23 Uhr. Ins Time Out geht man der italienischen Kost wegen – und sonntags wegen des Brunchs (Reservierung dringend empfohlen). Es gibt fränkische und italienische Weine. Das Restaurant ist in einen modernen Bereich mit Glasfront und einen traditionellen mit Holztäfelung unterteilt. Restaurantgarten mit kleinem Kinderspielplatz.

68 [B1] **Zaubergarten** €, Veitshöchheimer Straße 20, Tel. 3292680, Facebook und www.zauberberg.info, geöffnet: im Sommer (Mai–Sept.) Mi.–Sa. ab 18 Uhr (außer bei sehr schlechter Witterung). Gemütlicher Außenbereich in einem Innenhof schräg gegenüber des Kulturspeichers 21. Deftige, einfache Gerichte und auch Cocktails.

Den Innenhof der Bürgerspital Weinstuben (s. S. 81) lieben nicht nur Freunde des Traubentrunks

Imbiss

› **Alis Schlemmer Eck** (s. S. 80)

69 [D4] **Bratwurststand Knüpfing** €, Facebook, Tel. 51733, geöffnet: Mo.–Fr. 9.30–18, Sa. 10–17 Uhr. Äußerst populärer Imbiss in einer überdachten Ladenzeile auf dem Unteren Markt. Spezialität des Hauses ist „die Geknickte im Kipf", also eine geknickte, scharf gewürzte dicke Bratwurst. Umgeknickt ist sie, damit sie besser in den „Kipf", ein längliches Weizenmehl-Brötchen, passt.

Cafés

Viele Würzburger Lokale tragen das Wort Café im Namen, verstehen sich aber (auch) als Bar, Bistro oder kleines Restaurant. Mit Ausnahme des glück UND GUT sind die folgenden Lokale eher Cafés im engeren Sinn:

70 [D4] **Café am Dom** €, Kürschnerhof 2, Tel. 4524999, www.bassanese-wuerzburg.de, geöffnet: tägl. 9–22 Uhr. Käffchen, Gebäck und Eis, aber auch Bruschetta und Salate serviert die Konditorei mit Außenbereich auf dem Domplatz.

71 [D6] **Café Rudowitz** €, Sanderstraße 10a, Tel. 0175 8553108, https://cafe-rudowitz.business.site, geöffnet: Mi.–Mo. 11–19 Uhr. Gemischtes, tendenziell studentisches Publikum zwischen Blümchentapeten. Im Sommer kleiner Außenbereich.

72 [D3] **Café Wunschlos Glücklich** €, Bronnbachergasse 22 R, Tel. 35810188, www.wunschlos-gluecklich.net, geöffnet: tägl. 9–18 Uhr. Über einen schmalen Durchgang gegenüber dem Parkhaus in der Bronnbachergasse betreten Besucher den von der Außenwelt abgeschirmten Innenhof des originell eingerichteten und explizit kinderfreundlichen „WG". Auch vegane Leckereien. Regelmäßig Liveacts.

73 **glück UND GUT** €, Frankfurter Straße 87 (Bürgerbräu-Areal 28), Tel. 78023947, www.glueckundgut.de,

geöffnet: Mo.-Fr. 9-15, Sa. 9-17 Uhr. Origineller Mix aus Café, Restaurant und kleinem Laden im Stadtteil Zellerau. Das Angebot „brunch UND GUT" lockt sonntags von 9-15 Uhr reichlich Stammkundschaft an.

Eiscafés

Würzburger schätzen es sehr, im Sommer an manchen Ecken ein wenig italienisches Flair zu genießen. Stolz ist man nicht nur auf Deutschlands erste Pizzeria (Capri Blaue Grotte, s. S. 78), sondern auch auf mehrere italienische (Eis-)Cafés.

74 [E4] **Casa** €, Hofstraße 18, Tel. 18084, www.dascasa.de, geöffnet: Mo.-Fr. 13-18, Sa./So. 9-18 Uhr. Kleine Gerichte, süße Naschereien, Heißgetränke aller Art und Eis-Spezialitäten. Letztere werden in der warmen Jahreszeit auch an der Theke zur Straße hin verkauft. Befindet sich am Weg von der Residenz zum Dom. Kleiner Außenbereich und ein Eis-Automat.

75 [C4] **Fontana** €, Beim Grafeneckart 8, Tel. 3292180, www.eiscafe-fontana.com, geöffnet: So.-Do. 10-24, Fr./Sa. 10-1 Uhr (Mittagskarte 11.30-14.30, warme Küche 11-22.30 Uhr). Direkt neben dem Vierröhrenbrunnen und in unmittelbarer Nachbarschaft zur Alten Mainbrücke und zum Alten Rathaus werden hier mediterrane Spezialitäten, Kaffee und Eis serviert. Bei schönem Wetter sind die Plätze im Freien sehr begehrt: Tischreservierung telefonisch und online.

76 [D3] **Rialto** €, Juliuspromenade 64 (Echter-Galerie), Tel. 3535159, Facebook, geöffnet: tägl. 10.30-20 Uhr, im Winter reduzierte Öffnungszeiten bzw. geschlossen. Im Sommer bedient das beliebte Eiscafé an der belebten Ecke Juliuspromenade/Schönbornstraße seine Gäste auch draußen. Kaffeespezialitäten, kleine Snacks und sehr viele Eissorten - auch Straßenverkauf.

Würzburg am Abend

Das von Studenten und ihren Vorlieben geprägte Nachtleben konzentriert sich in der Innenstadt auf einige wenige Straßen und deren Umgebung. Besonders viel los ist zum Beispiel in der **Sanderstraße** [D5-6] im Süden der Altstadt und der Karmelitenstraße in ihrem Norden.

Wer richtig Gas geben will, findet sowohl im Zentrum als auch außerhalb reichlich Discos und Clubs. Besucher, die es eher beschaulich angehen wollen, bevorzugen die gemütlichen Weinstuben (s. S. 81).

Eine Würzburger Besonderheit sind zwei populäre, aber ziemlich unterschiedliche Etablissements für **Nachtschwärmer auf dem Heimweg:** Der L-Club (s. S. 86) bietet am Wochenende frühmorgens Afterhour-Partys und das sehr zentrale Marktcafé Brandstetter (s. S. 80) öffnet werktäglich schon um 6 Uhr.

Nachtleben

Bars und Bar/Café-Kombis

Wie an den langen Öffnungszeiten zu erkennen, verstehen sich viele „Cafés" (auch) als Bars. In allen werden kleine warme Gerichte serviert.

77 [B4] **Caféhaus Brückenbäck,** Zeller Straße 2, Tel. 414545, www.cafehausbrueckenbaeck.de, geöffnet: So.-Di. 8-18, Mi./Do. 8-20, Fr./Sa. 8-22 Uhr, Küchenzeiten So.-Do. 8-17.30, Fr./Sa. 8-21.30 Uhr. Besonders schön sind die großen Panoramafenster mit Blick über den Main Richtung Würzburger Altstadt. Der kleine Außenbereich liegt direkt neben dem westlichen Ende der Alten Mainbrücke 13.

78 [D6] **Kult,** Landwehrstraße 10, Tel. 53143, www.kult-wuerzburg.de, geöffnet: Mo. 18-1, Di.-Fr. 11-1, Sa./So.

010wb-js

10–1 Uhr. Die selbstverwaltete Kultkneipe kommt schon seit 1989 gut ohne Chef zurecht. Kleine deftige Gerichte, aber z. B. auch Salate und andere fleischlose Kost. Am Wochenende sehr beliebt ist das sog. „Wahlfrühstück", das man sich selbst zusammenstellt. Regelmäßig Livemusik und Special Events.

79 [D3] **Standard,** Oberthürstraße 11 a, Tel. 51140, www.standard-wuerzburg.com, geöffnet: Mo.–Do. 12–mind. 1, Fr./Sa. 12–3, So. 15–1 Uhr. In der schlicht, aber stilvoll eingerichteten Kneipe trifft sich ein lockeres Publikum. An der Theke wird philosophiert und an den Tischen geflirtet. Es werden einfache, aber leckere Gerichte serviert. Zum Lokal gehört ein Musikkeller, den Gäste über eine Wendeltreppe erreichen und in dem regelmäßig Liveacts auftreten.

Kneipen

80 [B4] **Biertümpel** €, Zeller Straße 17, Tel. 43432, www.biertuempel.de, geöffnet: Mo.–Fr. 17–5, Sa./So. 15–5 Uhr. In den Tümpel geht man wegen der „erfreulichen" Preise, der Sport-Liveübertragungen und der sehr ausgedehnten Öffnungszeiten. Warme Küche bis 4 Uhr. Außer am Wochenende ist täglich eine Biersorte besonders preiswert!

81 [C3] **Hasenstall** €, Juliuspromenade 4, Tel. 0151 15671334, www.derhasenstall.de, geöffnet: Mo.–Sa. ab 20 Uhr. Kleine Kneipe und Cocktailbar in der Nähe des Alten Kranen am westlichen Ende der Juliuspromenade. Nennt sich „Reggae-orientiert" und ist lustig dekoriert. Regelmäßig Getränkespecials.

82 [C3] **Irish Pixie** €, Karmelitenstraße 22, Tel. 30429572, www.irish-pixie.com, geöffnet: Mo.–Do. 18–1, Fr./Sa. 17–2 Uhr. Populärer Irish Pub mit sehr großer Auswahl an Whiskeys und Malts. Regelmäßig Livemusik und gelegentlich Whisk(e)y-Seminare.

Im Standard kann man einen Kaffee genießen – oder gerne auch den ersten Drink des Abends

Smoker's Guide

In Bayern – und damit auch in Franken – gilt in der Gastronomie seit 2008 ein umfassendes Rauchverbot. Das Ergebnis eines Volksentscheids im Jahr 2010 bestätigte die strengen Regeln. Raucher werden gerne lesen, dass in Würzburg viele Lokale über einen Außenbereich (Biergarten o. Ä.) verfügen, in dem weiterhin ungeniert gequalmt werden darf.

83 [D6] **Nachtwächter**€, Korngasse 16, Tel. 15165, www.nachtwaechter.de, geöffnet: Mo.–Do. 20–1, Fr./Sa. 20–3 Uhr. Für Ortsunkundige ist Würzburgs älteste Studentenkneipe nur schwer zu finden, da sie in einer unscheinbaren Gasse liegt und außen keine auffällige Reklame angebracht ist. Seit 1974 gönnen sich hier Generationen von Studenten an der verwinkelten Theke einen Absacker oder glühen für den Club-Besuch vor.

Discos und Clubs

Anzahl und Dichte der Würzburger Clubs ist bemerkenswert. Ebenfalls ungewöhnlich ist, dass die meisten nicht ganz weit draußen liegen, sondern zentrumsnah zu finden sind. Einzig zum auch überregional sehr populären Airport wird kaum jemand zu Fuß gehen. Manche der Clubs und Discos gibt es seit Jahrzehnten – entweder, weil sie einem überzeugenden Konzept die Treue gehalten, oder weil sie sich immer wieder neu erfunden haben. Aber auch Newcomer-Läden bekommen eine faire Chance. Die folgende Auswahl mixt alteingesessene und neuere Clubs. In den meisten wird nicht ausschließlich nur eine Musikrichtung aufgelegt. Manche öffnen nur noch am Wochenende.

MEIN TIPP

Beachlife am Main

Südlich der Ludwigsbrücke [C6] (Löwenbrücke) entsteht jedes Jahr ein Strand mit Festungsblick. Im Sommerhalbjahr wird auf dem langgezogenen Parkplatz direkt am Main unterhalb des Ludwigkais mit über 500 Tonnen Sand der Würzburger Stadtstrand aufgeschüttet. Hier werden regelmäßig Special-Events wie Tanzkurse veranstaltet. Nachdem der Stadtstrand pandemiebedingt mehrere Sommer lang ausfiel, findet er ab 2023 wieder statt.

•91 [C7] **Stadtstrand Würzburg,** Ludwigkai, Nähe Löwenbrücke, www.stadtstrand-wuerzburg.de, geöffnet: Ende April bis Ende September tägl. 11–23 Uhr

84 **Airport,** Gattingerstraße 17, Tel. 80418440, www.club-airport.com. Das „Air" liegt recht weit draußen. Vor allem der House- und Techno-Szene deutschlandweit seit Jahrzehnten ein Begriff. Betrieb regulär Fr./Sa. 21–5 Uhr.

85 [C3] **Club Katze,** Gerberstraße 14, Tel. 32908582, www.katze-club.de, geöffnet: Mo. 22–5, Fr./Sa. 23–5 Uhr. Kleine Kellerdisco mit zwei Bartheken im Stadtviertel Innere Pleich. Diverse Musikstile.

86 [A1] **das boot,** Veitshöchheimer Straße 5c, Tel. 59353, www.das-boot.com, geöffnet: Do.–Sa. 22–5 Uhr. Legendäre Disco auf einem umgebauten Ausflugs- und Kohledampfer. Die regelmäßigen Sonderveranstaltungen richten sich häufig an Studierende.

87 **L-Club,** Innere Aumühlstraße 9, Tel. 8095924, www.clubl.de. Besonderheit sind die (bei Redaktionsschluss im Frühjahr 2023 allerdings ausgesetzten) Afterhour-Partys samstags und sonntags ab 6 Uhr morgens, die auch, aber nicht nur, für Feierwütige gedacht sind, die vom Zappeln im Airport (siehe oben) noch nicht genug haben. Livebands und originelle Events. Auf Ankündigungen in den sozialen Medien achten.

88 [G2] **Labyrinth,** Beethovenstraße 3, Tel. 16212, www.laby.de, geöffnet: Fr./Sa. 22–5 Uhr. Ins Laby pilgern junge Würzburger seit Jahrzehnten. Freitags „Friday Night Rock".

89 [C5] **Odeon Lounge,** Augustinerstraße 18, Tel. 3044898, www.odeon-lounge.de, geöffnet: Mi./Fr./Sa. 22.30–5 Uhr. Club mit Dresscode.

90 [E2] **studio,** Haugerpfarrgasse 7, Tel. 4653020, Facebook, geöffnet: Di./Fr./Sa. 22–5 Uhr. Dresscode.

› **Zauberberg,** www.zauberberg.info, geöffnet: Do.-Sa. Abwechslungsreiches Programm, zum Beispiel „Sound der 90er", „gay.volution" und vieles mehr. Im Sommer mit Außenbereich Zaubergarten (s. S. 83).

Theater und Konzerte

An **Theaterbühnen** herrscht in Würzburg kein Mangel. Neben professionellen und semiprofessionellen Aufführungsstätten verschiedener Größe gibt es Laientheater, Studentenbühnen und Ensembles, die vorzugsweise dezentral auftreten.

Die **Ticketpreise** in Würzburg gelten als moderat und können unter Umständen sogar günstiger sein als ein Kinobesuch.

92 [E3] **Mainfranken Theater,** Theaterstraße 21, Tel. 39080 (Zentrale), www.mainfrankentheater.de. Das traditionsreiche Dreispartenhaus bietet Opern, Operetten, Musicals, Schauspieldarbietungen, Tanzvorführungen und Konzerte. Ein großes Theaterfest im September eröffnet die Spielzeit. Tickets gibt es ab ca. 24 €,

Erwin Pelzig – fiktiver Ur-Würzburger

Rot-weiß-kleinkariertes Hemd, Cord-Hütchen und Herren-Täschchen: So ausstaffiert und in schönstem Unterfränkisch lamentierend, ist Frank-Markus Barwassers Bühnenfigur „Erwin Pelzig" einem Millionenpublikum bekannt geworden. Aus der Taufe gehoben hat ihn der Kabarettist und Schauspieler Anfang der 90er Jahre im Theater am Neunerplatz (s. S. 88). In diese Zeit fallen auch die ersten Pelzig-Radiokolumnen auf „Bayern 3".

Manche finden den prototypischen Würzburger zu weit ins Negative und Unsympathische überzeichnet. Sie übersehen, dass Erwin Pelzig auch für sehr erfreuliche Aspekte der mainfränkischen Mentalität steht: Pragmatismus, Beharrlichkeit und das Herz immer am richtigen Fleck. Frankentypisch liebt er es, Missstände beim Namen zu nennen und scheinbar komplexe Problemlagen knackig auf den Punkt zu bringen. Dabei lässt er seinen trockenen Humor nicht gerne durch übertrieben viele Rücksichten bremsen. Zu seiner Heimatstadt soll Frank-Markus Barwasser z. B. folgende Sentenz eingefallen sein: „Würzburg war schon zwei Mal führend: bei der Hexenverbrennung und etwas später dann beim Schuldenstand."

Trotzdem erhielt er 2002 den örtlichen Kulturpreis. Regelmäßig folgten weitere Auszeichnungen, darunter auch der Deutsche Comedypreis 2011 in der Kategorie Beste Late-Night-Show für „Pelzig hält sich" (ZDF). Im Kinofilm „Vorne ist verdammt weit weg" (s. S. 115) von 2007 spielt Barwassers Alter Ego die Hauptrolle. Website des Künstlers: www.pelzig.de.

Würzburg und Umgebung haben neben Barwasser eine große Zahl weiterer überregional bekannter Kabarettisten und Comedians hervorgebracht – nicht wenige Ethnologen vermuten einen Zusammenhang mit dem köstlichen Frankenwein ... Populär sind u. a. die folgenden, besonders scharfzüngigen Künstlerinnen und Künstler: Sebastian Reich und Amanda (Würzburg), Mathias Tretter (Würzburg), Urban Priol (Aschaffenburg), Mäc Härder (Bad Neustadt an der Saale), Michael Müller aus Bad Kissingen (Stadtteil Garitz) und Birgit Süß (in Augsburg geboren, aber seit 1990 in Würzburg daheim).

MEIN TIPP

Kabarett in Würzburg

Lassen Sie sich ins Bockshorn „jagen"? Oder gehen Sie freiwillig rein? In Sommerhausen 1984 gegründet und 2001 in den Kulturspeicher 21 im Alten Hafen umgezogen, zählt das „Bockshorn" seit Langem zu den bedeutendsten Kabarettbühnen im deutschsprachigen Raum.

› **Bockshorn,** Tel. 4606066, www.bockshorn.de, das Kartenbüro ist an Vorstellungstagen von 17 bis 20 Uhr geöffnet. Tickets gibt es außerdem bei der Tourist Information im Falkenhaus (s. S. 113).

ermäßigt oft deutlich günstiger. Der Vorverkauf beginnt grundsätzlich am Anfang des Vormonats. Achtung: Die Theaterkasse befindet sich nicht in der Nähe des Theaters, sondern im zweiten Stock der Stadtbücherei im Falkenhaus 11 am Oberen Markt (Eingang der Stadtbücherei). Öffnungszeiten der Theaterkasse: Di.–Sa. 10–15 Uhr, Tel. für Kartenbestellung: 3908124 (Di.–Fr. 10–19, Sa. 10–14 und 17–19 Uhr).

93 [A3] **Theater am Neunerplatz,** Adelgundenweg 2a, Tel. 415443, www.neunerplatz.de. Kartenreservierungen telefonisch oder online. Seit 1985 werden experimentelles Theater, Kindertheater, politische und satirische Stücke, Kabarett u. v. m. geboten. Anfang der 1990er-Jahre entwickelte Frank-Markus Barwasser hier seine Figur „Erwin Pelzig" (s. S. 87). 2020 erhielt das Theater die Kulturmedaille der Stadt Würzburg.

94 [G5] **Theater Chambinzky,** Valentin Becker Str. 2, Tel. (auch für Reservierungen) 51212 und 51262, www.chambinzky.com. Theaterkasse: Mi.–So. 18–20 (in der Wintersaison Mitte Sept.–März zusätzlich Di. 12–14 und 18–20 Uhr). Auch Online-Ticketverkauf. Kleines, regelmäßig ausverkauftes Boulevardtheater mit 130 Plätzen in acht Reihen und relativ moderaten Eintrittspreisen. Die zusätzliche kleinere Bühne im Keller wird nicht über den Chambinzky-typischen roten Teppich, sondern durch den Seiteneingang betreten. Eine besondere Erwähnung verdient die gute Theatergastronomie (warme Küche Di.–So. 17–21.30 Uhr, Tel. für Reservierungen 12802).

95 **Theater Ensemble,** Frankfurter Straße 87 (auf dem Bürgerbräu-Gelände 28), Tel. 44545, www.theater-ensemble.net, Reservierungen online und telefonisch. Hat sich seit 1992 als Plattform für Neu- und Quereinsteiger in Würzburgs freier Theaterszene etabliert. Ein Schwerpunkt liegt auf experimentellen Stücken. Die Haupt-Spielstätte ist in einer ehemaligen Kantine untergebracht.

96 [D4] **Theaterhalle am Dom** , Kiliansplatz 1, Tel. (auch Kartenreservierung) 4525855, www.theaterhalle.com. Die Produktions- und Spielstätte für zeitgenössische Tanz- und Performancekunst ist Mitglied im Würzburger Bündnis KlimaKultur. Schwerpunkt sind Eigenproduktionen des „kollektiv anderer tanz". Aufführungen vornehmlich am Wochenende. Angeschlossenes Kunstcafé.

97 [F3] **Theaterwerkstatt Würzburg,** Rüdigerstraße 4, Tel. 59400, www.theater-werkstatt.com. Reservierungen sind per Telefon und online möglich. An Spieltagen ist die Abendkasse ab 17 Uhr geöffnet und unter Tel. 0157 50736750 erreichbar. Würzburgs ältestes, 1981 gegründetes Privattheater verfügt über ca. 65 Plätze. Hier bringen sowohl Profis als auch Laiendarsteller unter anderem literarisches Theater, politische Themen und experimentelle Stücke auf die Bühne.

Geschäftiges Treiben in der Würzburger Fußgängerzone

Würzburg zum Stöbern und Shoppen

Würzburgs **Shoppingmeile** ist zum allergrößten Teil Fußgängerzone und außerdem wesentlich länger als eine Meile: Sie beginnt in Sichtweite des Hauptbahnhofs an der quirligen Ecke Haugerring/Kaiserstraße [E2] und folgt dann konsequent den Straßenbahnschienen Richtung Sanderau und Rottenbauer/Heidingsfeld durch die Fußgängerzone bis zum Vierröhrenbrunnen (s. S. 45). Auf dieser Route betreiben einige bekannte (Mode-)Ketten Filialen. Auch in vielen Seitenstraßen werden Kauflustige mit Shoppingerlebnissen verwöhnt, unter anderem in der Eichhornstraße [D3].

Typische **Mitbringsel** aus Würzburg sind regionale Spezialitäten wie z. B. Frankenwein, noch mehr Frankenwein und Obstbrände.

Märkte

Auf dem **Unteren Markt** finden neben der Marienkapelle 10 ganzjährig der **Grüne Markt** (Di./Mi./Fr. 7–18 Uhr, Sa. 7–16 Uhr) und der **Spezialitätenmarkt** (Di./Mi./Fr. 8–18 Uhr, Sa. 8–16 Uhr) statt. Angeboten werden unter anderem frische Lebensmittel wie Obst, Gemüse, Salate etc., außerdem Käse, Fisch, Fleisch, Wurst und saisonale Produkte wie z. B. Spargel.

98 [D4] **Unterer Markt**

Kaufhaus

99 [D3] **Galeria Kaufhof,** Schönbornstraße 3, Tel. 30880, www.galeria.de → Filialen → Würzburg, geöffnet: Mo.–Sa. 9–20 Uhr. Vierstöckiges Vollsortiment-Warenhaus mitten in der Altstadt. Den Galeria-Standortschließungen 2023/2024 entronnen.

Bücher

100 [D4] **Hugendubel,** Kürschnerhof 4, Tel. 61564564, www.hugendubel.de, geöffnet: Mo.–Sa. 9.30–20 Uhr. Größte Buchhandlung der Stadt, sehr zentral gelegen.

101 [D6] **Neuer Weg,** Sanderstraße 23–25, Tel. 355910, www.neuer-weg.com, geöffnet: Mo.–Fr. 9–19, Sa. 10–16 Uhr. Gute Beratung, Lesungen und Bücherflohmarkt.

Näschereien und Feinkost

102 [D4] **Hussel Confiserie,** Kürschnerhof 7, Tel. 40453996, www.hussel.de, geöffnet: Mo.–Sa. 9.30–18 Uhr. Mitten in der Stadt kommen Naschkatzen auf ihre Kosten.

103 [D3] **Ölbaum,** Eichhornstraße 13 a (Ecke Herzogenstraße), Tel. 3539844, www.oelbaum-wuerzburg.de, geöffnet: Mo.–Sa. 11–19 Uhr. Fachgeschäft für Produkte aus Oliven und mediterrane, vor allem italienische, Feinkost.

005wi-js

Spielwaren

104 [C5] **Die Murmel**, Augustinerstraße 7, Tel. 59349, www.die-murmel.de, geöffnet: Mo.-Mi. 9-18, Do./Fr. 9-19, Sa. 9-16 Uhr (2.11.-23.12. Mo.-Fr. 9-19, Sa. 9-mind. 17 Uhr). Individuelle Beratung für ausgefallene Geschenke in einem liebevoll dekorierten Laden.

105 [D3] **Hampelmann,** Juliuspromenade 60, Tel. 58379, www.hampelmann.de, geöffnet: Mo.-Fr. 9.30-18.30, Sa. 9.30-16 Uhr. Kompetente Beratung zeichnet das gut sortierte und sehr günstig gelegene Spielwarengeschäft aus.

Kleidung

Zwei empfehlenswerte Läden, die neueste Modetrends bieten und sehr zentral liegen:

106 [D3] **DREIST my Style,** Bronnbachergasse 41, Tel. 4041142, Facebook, geöffnet: Mo.-Sa. 9.30-19 Uhr. Architektonische Besonderheiten des Damenmodegeschäfts sind die schmucke Außenfassade und die hohen Räume aus der Vorkriegszeit.

107 [D3] **Zeitzeichen,** Theaterstraße 2, Tel. 571555, www.zeitzeichen.com, geöffnet: Mo.-Sa. 10-19 Uhr. Trendige Boutique mit guter Auswahl und viel gelobter Beratung.

006wb-js

MEIN TIPP

Shop 'n' Stop

In der obersten Etage des Modehauses WÖHRL befindet sich die Cafébar Segafredo. Bei schönem Wetter genießen Gäste Kaffee und Kuchen auf der Terrasse mit Main- und Festungsblick.

112 [C4] **Cafébar Segafredo,** Beim Grafeneckart 10, Tel. 354800, www.facebook.com/segafredo.espressino.cafebar, Öffnungszeiten wie das Modehaus: Mo.-Sa. 10-19 Uhr

Wer etwas Herzhafteres oder einen Salat zu sich nehmen möchte, geht zum Fontana (formal ein Eiscafé) gleich rechts neben dem WÖHRL-Eingang.

Taschen und Hüte

108 [C4] **Der Hutladen,** Augustinerstraße 4, Tel. 12693, geöffnet: Mo.-Fr. 9-18, Sa. 9.30-16 Uhr. Kopfbedeckungen aller Art und gute Beratung.

109 [C3] **Lederladen,** Marktgasse 9, Tel. 16484, www.lederladen-wuerzburg.de, geöffnet: Mo.-Sa. 10-18 Uhr. Der Schwerpunkt des Geschäfts liegt auf Taschen und Handschuhen.

Schmuck

110 [D3] **Crystal,** Eichhornstraße 8a, Tel. 15516, www.crystal-wuerzburg.de, geöffnet: Mo.-Fr. 10-18, Sa. 10-14 Uhr. Schmuck und Edelsteine, Reparaturen und Sonderanfertigungen.

111 [D4] **Goldschmiede Markus Engert,** Domstr. 18, Tel. 51537, www.markusengert.de, Mo.-Fr. 10-13 und 14-18, Sa. 10-14 Uhr. Inhabergeführte Goldschmiede in der Würzburger Innenstadt.

Shoppingareale
Die wichtigsten Shoppingbereiche der Stadt sind im Kartenmaterial mit einer rötlichen Fläche markiert.

Wohnaccessoires

113 [C4] **Eckhaus,** Langgasse 8, Tel. 12001, www.eckhaus-wuerzburg.de, geöffnet: Mo.-Fr. 10-18.30, Sa. 10-18 Uhr. Schönes für die Wohnung. Mit Café.

114 [D6] **Keramikwerkstatt Alexander Lautenbacher,** Zwinger 18, Tel. 16787, www.symbolkeramik.de, geöffnet: Di.-Fr. 12-18 Uhr. Seit 1992 wird hier exzellente Schmuck- und Gebrauchskeramik aus Steinzeug und Porzellan verkauft. Es gibt auch eine Werkstatt-Ausstellung (s. Foto links unten). In den bayerischen Schulferien ist die Werkstatt nur nach Vereinbarung geöffnet.

Wein

Wie man sich unschwer denken wird, ist Frankenwein in Würzburg und Umgebung leicht zu bekommen, zum Beispiel in jedem Supermarkt, an fast jeder Tankstelle, bei der Tourist Information (s. S. 113) im Falkenhaus 11 und in etlichen Weinstuben (s. S. 81). Einen guten Namen hat auch die schicke Vinothek des Staatlichen Hofkellers direkt neben dem Residenzplatz:

› **Vinothek des Staatlichen Hofkellers** (s. S. 125), Tel. 3050927, www.hofkeller.de/hofkeller/vinothek, geöffnet: Mo.-Fr. 9-18, Sa. 10-14 Uhr (April bis Dez. bis 16 Uhr). Die historischen Weinkeller des Weinguts befinden sich unter der Residenz 1. Der Hofkeller bietet regelmäßig Kellerführungen an.

Würzburg zum Durchatmen

Wer einfach mal abschalten und sich entspannen möchte, kann es wie die Einheimischen machen: Ab in den Ringpark (s. S. 31) oder den Hofgarten der Residenz (s. S. 23). Weniger bekannt ist der verträumte Rosenbachpark – nur wenige Schritte vom Vorplatz der Residenz 1 entfernt.

•**115** [F4] **Rosenbachpark,** Ecke Rennweg/Kapuzinerstraße

Eine weitere Möglichkeit wäre, sich einen **Lieblingsplatz auf der Festungsseite** Würzburgs zu suchen. Beispiele:

› **Gelände der Landesgartenschau 1990** 27
› **Areal der Festung Marienberg** 22 – mit Blick auf Altstadt oder Käppele 24

Auf den Routen der **Weinberg-Wanderungen** (s. S. 50) gibt es viele malerische Stellen, um innezuhalten und sich mit Blick auf Würzburg in Kontemplation zu versenken – mit oder ohne mitgebrachten Frankenwein.

Ein besonders idyllischer Fleck im Ringpark ist der Ende des 19. Jahrhunderts angelegte Bereich **„Klein-Nizza“** (s. S. 31). Dieser Teilabschnitt verläuft östlich des Hofgartens von der Ottostraße bis zum Rennweg. Spaziergänger lieben die abwechslungsreiche Gestaltung mit Grünflächen, Teich- und Blumenlandschaften.

‹ Keramik vom Feinsten in der Keramikwerkstatt Alexander Lautenbacher in der südlichen Altstadt

Zur richtigen Zeit am richtigen Ort

Über das Jahr verteilt finden in Würzburg zahlreiche jährlich wiederkehrende Veranstaltungen statt. Viele haben mit Wein oder Gesang zu tun.

Januar, Februar, März

- **Internationales Filmwochenende:** Würzburgs kleines Filmfest mit Produktionen aus dem In- und Ausland findet immer Ende Januar/Anfang Februar statt. Seit 1974 stehen Streifen abseits des Mainstreams im Mittelpunkt. Eines der Highlights sind „Die Selbstgedrehten", prämierte Kurzfilme junger unterfränkischer Filmemacherinnen und Filmemacher (www.filmwochenende.de).
- **Fastnacht in Franken:** Am vorletzten Freitag vor Rosenmontag – manchmal also schon Ende Januar – pilgern fränkische Narren und viel Politprominenz zur berühmten Prunksitzung in den Mainfrankensälen in Veitshöchheim 29. Die äußerst begehrten Tickets werden in einem Losverfahren vergeben (www.br.de/fastnacht-in-franken, Ticketverlosung: www.fvf-online.de/br).
- **Faschingszüge:** In und um Würzburg finden zur Faschingszeit eine ganze Reihe bunt-fröhlicher Narren-Umzüge statt, viele davon mit aufwendigen Motivwagen. Der größte innerstädtische startet am Faschingssonntag um 11.55 Uhr. Tags zuvor begeistert der Kindermaskenzug ab 12.11 Uhr und am Faschingsdienstag ab 14.11 Uhr der Faschingszug im Ortsteil Heidingsfeld (www.faschingszug-wuerzburg.de).
- **Frühjahrsvolksfest:** Das zweiwöchige Volksfest auf dem Talavera-Festplatz startet am vierten Samstag vor Ostern mit einem Bieranstich durch den Oberbürgermeister. Es ist jedes Jahr das erste große Volksfest in Bayern (www.wuerzburg.de/events-termine/fruehjahrsvolksfest).

April, Mai, Juni

- **Flamenco Festival:** Vielfältiges Bühnenprogramm am Mainfranken Theater (s. S. 87) und im Juliusspital 17 (www.wueflamencofestival.com)
- **Würzburger Residenzlauf:** Der Lauf um die fürstbischöfliche Residenz findet seit 1987 statt und ist inzwischen eine der größten Breitensportveranstaltungen Nordbayerns. Auch viele Kinder laufen hier im April mit (www.residenzlauf.de).
- **Stadtmarathon:** Neben der Marathonstrecke stehen auch Halbmarathon, ein gut 10 km langer „Fun-Lauf", Walking und Kinderläufe auf dem Programm. Start und Ziel des teilnehmerreichen Frühjahrsmarathons liegen im Bereich der Inneren Pleich 16. Die Route des im Mai stattfindenden Laufs passiert die Altstadt (www.wuerzburg-marathon.de).

062wb-js

Würzburger Weindorf: Einheimische und Besucher frönen in jedem Frühsommer dem leckeren Frankenwein

- **Africa Festival:** Das größte Festival für afrikanische Musik und Kultur in Europa lockt Ende Mai bzw. Anfang Juni Jahr für Jahr bis zu 100.000 Besucher auf die Mainwiesen unter der Brücke der Deutschen Einheit. Dort erwarten sie vier Tage Konzerte, Kunst, kulinarische Köstlichkeiten, ein Kinderprogramm und vieles mehr (www.africafestival.org).
- **Mozartfest:** Das renommierte Mozartfest Würzburg existiert seit 1922. Traditionell beginnt es im Mai und endet nach etwa 60 Konzerten und anderen Veranstaltungen über einen Monat später. Hauptspielorte sind die Residenz 1 und der Hofgarten (www.mozartfest.de).
- **Weindorf:** Oberer und Unterer Markt werden ab dem letzten Mai-Wochenende zehn Tage lang mit Dutzenden mobiler Weinlauben vollgestellt. Zu über 100 Weinsorten servieren die Festwirte ebenso viele delikate Speisen. Ausschank täglich von 11–23.30 Uhr (www.weindorf-wuerzburg.de).
- **Umsonst und Draussen:** Mit bis zu 90.000 Besuchern zählt das viertägige Würzburger „U&D" zu den größten Open-Air-Festivals Bayerns. Auf den Mainwiesen spielen Bands aus dem In- und Ausland, oft auch Newcomer. Wie der Name vermuten lässt, kostet das Festival, das im Juni stattfindet, keinen Eintritt (www.umsonst-und-draussen.de).
- **Festungsflimmern:** Zwei Wochen wird im Juni Open-Air-Kino auf der Neutorwiese unterhalb der Festung Marienberg 22 mit herrlichem Blick auf die Würzburger Altstadt geboten. Oft bestreiten Livebands das Vorprogramm (www.festungsflimmern.de).

Juli, August, September

- **Kiliani-Volksfest:** Der größte unterfränkische Rummel zieht im Hochsommer bis zu 1 Million Besucher zu den Festzelten und Fahrgeschäften. Das Volksfest findet

MEIN TIPP

Noch mehr Weinfeste

Neben dem **Weindorf ab Ende Mai** und der **Weinparade ab Ende August** kennt Würzburg eine ganze Menge weiterer mehrtägiger Weinfeste. Viele davon werden von den großen Weingütern veranstaltet, andere von Sportvereinen oder den Bürgern einzelner Stadtteile. Der jeweilige Austragungsmonat ist grundsätzlich fix. Eine Auswahl:

- **Bürgerspital-Hofschoppenfest,** zehn Tage im Juni, www.buergerspital-hofschoppenfest.de
- **Weinfest in der Werkingstraße,** zwei Tage Ende Juni im Stadtteil Heidingsfeld, www.winzerverein-heidingsfeld.de
- **Hofgarten-Weinfest,** eine Woche Ende Juni/Anfang Juli, www.hofkeller.de
- **Hoffest am Stein,** zwei Wochen im Juli, Eintritt, www.weingut-am-stein.de
- **Grombühler Weinfest,** vier Tage ab dem letzten Freitag im August auf dem Wagnerplatz im Stadtteil Grombühl [G1]
- **Nacht der offenen Weinkeller,** ein Abend Ende November. Alle vier Würzburger VDP-Weingüter (Verband Deutscher Prädikatsweingüter) machen bei dem beliebten Event mit:
  Weingut Bürgerspital zum Hl. Geist, www.buergerspital.de
  Staatlicher Hofkeller, www.hofkeller.de
  Weingut Juliusspital (s. S. 52), www.juliusspital.de/weingut
  Weingut am Stein, www.weingut-am-stein.de

Amüsant: Die im Januar ausgestrahlte **Närrische Weinprobe** bildet traditionell den Auftakt zu den äußerst beliebten Faschings-Sendungen des Bayerischen Fernsehens. Website mit Fotos und Videoaufzeichnung der Show: www.br.de/naerrische-weinprobe.

ab Anfang Juli zwei Wochen lang auf dem Talavera-Festplatz [A2] statt. Namensgeber ist Würzburgs Stadtpatron. Ein Höhepunkt ist der Trachtenfestzug am ersten Kiliani-Samstag (www.wuerzburg.de, Suchbegriff: Kiliani).

- **Hafensommer:** Die Open-Air-Veranstaltungsreihe bietet Ende Juli/Anfang August fast drei Wochen lang Konzerte, Kino- und Theaterabende. Die Bühne steht im Bereich des Alten Hafens in der Nähe des Kulturspeichers 21 und des Congress Centrums. Bei sehr ungünstiger Wettervorhersage finden die Veranstaltungen in der Posthalle Würzburg statt. Informationen über das Info-Telefon und auf der Website (www.hafensommer-wuerzburg.de).
- **Christopher Street Day:** Seit 2001 treten die Teilnehmer des CSD Würzburg für Akzeptanz und gegen Diskriminierung daheim und in der Welt ein. Für den Straßenzug bzw. das Straßenfest werden unter Umständen Teile der Innenstadt für den Straßenverkehr gesperrt. Der Würzburger CSD kann auch in einen anderen Sommermonat fallen als den August (www.queerpridewue.de).
- **Weinparade:** Ab dem letzten Donnerstag im August wird alljährlich elf Tage lang auf dem Unteren Markt neben der Marienkapelle 10 gezecht. Anders als beim Weindorf Ende Mai/Anfang Juli nimmt dieses Weinfest also nicht den ganzen Marktplatz in Beschlag. Zum Ausschank kommen von 11–23 Uhr (Fr./Sa. 11–23.30 Uhr) ca. 100 Weine und Sektsorten fast aller Würzburger Weingüter (www.weinparade.de).
- **Straßenmusikfestival:** Würzburgs „STRAMU" ist eines der größten Festivals für Straßenmusik und -kunst in ganz Europa. Der dreitägige Event findet jedes Jahr am letzten Wochenende der bayerischen Schulferien statt. Dann verwandeln Jongleure, Artisten, Feuerkünstler und viele andere die Altstadt und die Promenade am Mainkai (s. S. 46) in einen bunten Freiluft-Zirkus (www.stramu-wuerzburg.de).
- **Stadtfest:** In der dritten Septemberwoche kostenfreie Bühnenprogramme mit Livemusik und anderen Shows in der Innenstadt. Modenschau und Kinderprogramm (www.wuerzburgmachtspass.de/stadtfest).

Oktober, November, Dezember

- **Jazzfestival:** Am letzten Oktoberwochenende begeistern Gruppen aus nah und fern Jazzfreunde im Felix-Fechenbach-Haus (Stadtteil Grombühl). Das Festival existiert bereits seit 1984. Eintritt regulär 40 € (www.jazzini-wuerzburg.de).
- **Honky Tonk:** Liebhaber handgemachter Livemusik stürmen im November die Kneipen und Bars der Innenstadt. Unter den vielen vertretenen Musikstilen ist für jeden etwas dabei. Eintritt zu allen Locations einmalig 14 € (www.honky-tonk.de/wuerzburg).
- **Bachtage:** Die Konzertreihe zu Ehren Johann Sebastian Bachs wird seit 1951 veranstaltet. In jeder Saison werden ihm die Werke eines anderen Komponisten gegenübergestellt. Das Festival dauert zehn Tage und findet grundsätzlich Ende November statt (www.bachtage-wuerzburg.de).
- **Weihnachtsmarkt:** Vom Freitag vor dem ersten Advent bis zum 23. Dezember weihnachtet es sehr auf dem Würzburger Marktplatz: Fast 100 Händler in weihnachtlich dekorierten Buden haben Kunstgewerbe, Süßwaren, Glühwein und vieles mehr im Angebot. Auf dem Oberen Markt steht dann eine große Weihnachtskrippe. Den Unteren Markt ziert ein eindrucksvoller Weihnachtsbaum (www.wuerzburg.de, Suchbegriff: Weihnachtsmarkt).

WÜRZBURG VERSTEHEN

096wb ©Jana Burmeister, stock.adobe.com

Würzburg – ein Porträt

Die Bischofs- und Universitätsstadt ist Sitz des bayerischen Regierungsbezirks Unterfranken und des Landratsamtes Würzburg. Dank zahlreicher Eingemeindungen und der ca. 35.000 Studierenden beläuft sich die Einwohnerzahl auf annähernd 130.000. Im Stadtbezirk Altstadt leben weniger als 20.000 Menschen.

Glaube, Bildung und Wein spielten für die Entwicklung Würzburgs eine entscheidende Rolle. Das spiegelt sich in einer beeindruckenden Menge von über die ganze Stadt verteilten Kirchen, Hochschuleinrichtungen und Weinstuben wider.

Der **Aufbau der Altstadt** ist leicht zu erklären: Den Kern des Zentrums umschließen die Straßenzüge, die im Mittelalter die Umgrenzung Würzburgs bildeten. Dieses rechts des Mains gelegene Gebiet hat die fünfeckige Form einer **Bischofsmütze** (auch: Mitra oder Bischofshut). Die Basis dieses nur rund 40 Hektar großen Areals bildet der Main bzw. der an ihm entlanglaufende Mainkai (s. S. 46). Die vier anderen Begrenzungen sind die Juliuspromenade 15, die Theaterstraße [E3–4], die Balthasar-Neumann-Promenade und die Neubaustraße [D/E5]. An der Stelle dieser Straßenzüge verlief in früheren Zeiten ein System von Stadtmauern und -gräben.

Im Zentrum der auf jeder Stadtkarte leicht auszumachenden Bischofsmütze stehen der Dom St. Kilian 6 und die Stiftskirche Neumünster 8 fast nebeneinander. Die

KURZ & KNAPP

Würzburg in Zahlen

Erste Erwähnung: 704 n. Chr.
Einwohner: rund 130.000
Studenten: rund 35.000
Bevölkerungsdichte: ca. 1500 Einwohner/km²
Fläche: ca. 88 km²
Höhe ü. M.: 177 m
Stadtpatron: St. Kilian (689 ermordeter Märtyrer)
Kirchengebäude: rund 70, davon 25 in der Altstadt

Noch viel mehr Daten zur Stadt bietet die Website www.wuerzburg.de → Suchbegriff: Würzburg in Zahlen

◁ *Am Brückenheiligen Totnan (s. Kilianslegende S. 35) vorbei schweift der Blick Richtung Festung*

Domstraße ❾ verbindet den Dom als 250 m lange Gerade mit der Alten Mainbrücke ⓭.

Schon vor Jahrhunderten wuchs Würzburg aus diesem überschaubaren Gebiet heraus: Im Hochmittelalter umschloss die Stadtbefestigung auch die ehemaligen Vororte Sand (im Süden) und Pleich (im Norden) – siehe Innere Pleich ⓰. An Sand erinnern heute unter anderem die Bezeichnungen der Party- und Kneipenmeile Sanderstraße (s. S. 84) und des Stadtbezirks Sanderau.

Spektakulärstes Gebäude Würzburgs ist die im 18. Jahrhundert errichtete fürstbischöfliche Residenz ❶. Das Barockschloss steht östlich der Balthasar-Neumann-Promenade und damit außerhalb der mittelalterlichen Kernstadt, aber innerhalb des Ringparks – der größten Grünfläche im Bereich der Innenstadt.

Der **Ringpark** umschließt das Zentrum Würzburgs in Form eines riesigen U. Ausgangs- und Endpunkt ist jeweils der Main. Der über 3 km lange und bis zu 240 m breite Grüngürtel wurde Ende des 19. Jahrhunderts als Landschaftsgarten angelegt. Sein Verlauf folgt der Stadtbefestigung, wie sie während des Barock bestand. Heute ist er Würzburgs „Grüne Lunge". Mit seinen Rasenflächen, Kinderspielplätzen, Brunnen und Denkmälern dient er Einheimischen und Besuchern als **Naherholungsziel.**

An der Außenseite des langgezogenen Parks verläuft ein als **Innerer Ring** bezeichneter Hauptverkehrsweg der Würzburger Innenstadt. Er führt von der Friedensbrücke zur Löwenbrücke und ändert dabei mehrfach seinen Namen. Von der Friedensbrücke beginnend heißt er nach einem der berühmtesten Wahl-Würzburger zunächst Röntgenring, dann Haugerring und nach dem Berliner Platz erst Martin-Luther-Straße, später Friedrich-Ebert-Ring und dann Sanderglacisstraße.

Würzburgs **Mittleren Ring** bildet ein vierspuriges Teilstück der Bundesstraße B19, das von der Anschlussstelle Würzburg-Heidingsfeld an der Autobahn A3 zur Anschlussstelle Würzburg-Estenfeld an der A7 führt. Einen Äußeren Ring sucht man vergeblich, da es keinen Verkehrsweg gibt, der einmal um das ganze Stadtgebiet herumführen würde. Die für den europäischen Fernverkehr

⌵ *Panoramablick über die Altstadt*

015wb ©Heiko Hölperl, stock.adobe.com

Interview mit einem jungen Wahl-Würzburger

Der 20-jährige Hannoveraner Christian ist zum Jura-Studium in die Bischofsstadt am Main gekommen. Im Interview verrät er, was ihm an seinem Studienort gefällt – und was nicht.

„Warum Würzburg?"

„Ich wollte gerne an einer klassischen süddeutschen Universitätsstadt studieren. Dazu zählen für mich außerdem nur noch Freiburg, Heidelberg und Tübingen. An Würzburg haben mich der hervorragende Ruf der Juristischen Fakultät, die tollen Ausgehmöglichkeiten und die idyllische Lage mit den Weinbergen drumherum und dem Fluss mittendurch beeindruckt. Für mich ist Würzburg gefühlt „tiefer Süden". Die Begeisterung für deftiges Essen, edlen Wein und andere Sinnesfreuden, die Frömmigkeit älterer Einheimischer, die architektonischen Extravaganzen und die althergebrachten Traditionen – vielleicht ist dieser Mix ein bisschen so, wie sich für einen Süddeutschen das Leben in einer italienischen Kleinstadt anfühlen mag."

„Was ist das Besondere an einem Studium in Würzburg?"

„Die Stadt ist sehr kompakt und es gibt für mich nur wenige Orte, die ich nicht zu Fuß erreichen kann. Die Juravorlesungen beispielsweise finden alle in der Alten Universität 4 nahe der Fußgängerzone und in der Neuen Universität [E6] direkt am Ringpark statt. Die beiden Gebäude sind kaum 500 Meter voneinander entfernt. Zu Fuß oder mit dem Rad ist man schneller als mit dem Auto oder der Straßenbahn. Das Semesterticket der Uni nutze ich fast nur, wenn wir Ausflüge in die malerischen Ortschaften der Umgebung machen, beispielsweise nach Veitshöchheim 29. Außerdem ist Würzburg eine vergleichsweise preisgünstige Stadt."

„Möchtest Du auch nach dem Studium hier leben?"

„Reizen würde mich das schon, auch weil meine Freundin aus der Gegend kommt. Von ihr weiß ich allerdings auch, dass nur wenige der hier ausgebildeten Akademiker einen Job in Mainfranken antreten. Dafür ist der Bedarf einfach zu gering. Viele zieht es zum Arbeiten dann doch in die „richtigen" Metropolen. Ich möchte mich aber auch später regelmäßig mit meinen Kommilitonen in unseren Würzburger Lieblingskneipen und auf den großartigen Weinfesten treffen. Die Entscheidung, hier zu studieren, habe ich keinen Tag bereut!"

„Gibt es auch etwas, das Du kritisch siehst?"

„Das einzige, womit ich bisher nicht so recht warm geworden bin, ist der hiesige Dialekt. Meine Freundin und ihre Familie geben sich alle Mühe, mir die gängigsten Ausdrücke beizubringen, aber für mich hört sich Fränkisch immer noch sehr gewöhnungsbedürftig an. Das hiesige ‚nedd' z. B., für hochdeutsch ‚nicht', hört sich ja noch ganz okay an, aber ‚nix' zuweilen ebenfalls für ‚nicht' zu verwenden, ist schon ziemlich schräg. Beispiel: Kibf gibd's heud' nix mä'. Ins Hochdeutsche übertragen soll das bedeuten, dass die Brötchen für heute aus sind."

enorm wichtigen Autobahnen A3 und A7 kreuzen sich 12 km östlich von Würzburg bei Biebelried.

Westlich des Mains erhebt sich weithin sichtbar die wuchtige Festung Marienberg (22) – eines der Wahrzeichen Würzburgs. Besucher können die Anlage über das nördlich davon gelegene Gelände der Landesgartenschau von 1990 (27) zu Fuß erreichen. Noch ein Stück weiter nördlich finden auf den Mainwiesen [A2] jährlich wiederkehrende Veranstaltungen statt – darunter das Africa Festival (s. S. 93). Auf einer Anhöhe südlich der Festung zieht die barocke Wallfahrtskirche Käppele (24) seit Jahrhunderten zuverlässig Pilger- und Touristenscharen an.

Eine ganze Reihe kleinerer Orte bietet sich für **Tagesausflüge** an: im Norden Würzburgs das mainabwärts gelegene Veitshöchheim (29) mit dem gleichnamigen Schloss und die schmucke Kreisstadt Karlstadt, im Osten die populären Weinorte Dettelbach und Volkach und im Südwesten Randersacker, Sommerhausen (30) und einige weitere Weindörfer.

016wb-js

Von den Anfängen bis zur Gegenwart

Der allergrößte Teil des heutigen Unterfranken stand nicht unter römischer Herrschaft. Anders als viele andere Städte in Süddeutschland geht Würzburg daher nicht auf ein römisches Lager zurück. Bis zu Beginn des 19. Jahrhunderts kannten die Würzburger überhaupt keine Fremdbestimmung größeren Ausmaßes und längerer Dauer.

Würzburgs Geschichte im Überblick

Kelten, Franken und Bischöfe

Schon die Kelten erkannten, dass der heutige Marienberg ein vorzüglicher Standort für Verteidigungsanlagen war. Im sechsten nachchristlichen Jahrhundert unterwarfen die Franken die Mainregion. Weinbau ist ab dem 8. Jahrhundert bezeugt. Zu dieser Zeit war Würzburg bereits Bischofssitz.

ca. 4000 v. Chr.: Die Furt bei der späteren Alten Mainbrücke (13) spielt eine wichtige Rolle bei den Wanderwegen früher Menschen (u. a. sogenannte Bandkeramiker).

ca. 1000 v. Chr.: Eine keltische, wahrscheinlich ringförmige Wehranlage und Kultstätte entsteht an der Stelle der späteren Festung Marienberg (22).

6. Jahrhundert: Franken unterwerfen die Mainregion und nutzen eine Burg auf dem heutigen Marienberg. Am Fuße seiner Mainseite liegt vermutlich ein Fischerdorf.

◁ *Ein Barockjuwel als Pilgerziel: Würzburgs „Käppele“* (24)

KURZ & KNAPP

Stadtgeschichte in bunten Bildern

Würzburgs Geschichte kann auf dem nach Tiepolos Deckenfresko in der Residenz 1 **zweitgrößten Gemälde** der Stadt wie in einem Bilderbuch entdeckt werden: Im Rathaus 12 schuf Wolfgang Lenz (1925–2014) in den 1980er-Jahren ein fast 300 m² großes Gemälde mit 37 szenischen Darstellungen aus der wechselhaften Würzburger Stadtgeschichte. Einige besonders herausragende Etappen:

- **Bild 3:** Unterfranken im 7. Jahrhundert: Leben und Märtyrertod von Kilian, Kolonat und Totnan, anschließend Christianisierung der Region
- **Bild 5:** 12./13. Jahrhundert: Blüte Würzburgs in der Stauferzeit, Kaiser Friedrich I. Barbarossa heiratet Beatrix von Burgund in Würzburg
- **Bild 12 bis 14:** Julius Echters Gründungseifer und Bauwut: Universität, Juliusspital
- **Bild 21:** Schönbornzeit mit Bau der Residenz
- **Bild 31:** Bombenangriff auf Würzburg am 16. März 1945: Ein schwarzer Vorhang erinnert an das größte Unglück der Stadtgeschichte.
- **Bild 36:** Szenen aus der Zeit der Entstehung des Gemäldes in den 1980er-Jahren

Buch zum Bild

Das Wandgemälde im Würzburger Rathaus – Bilder einer Stadtgeschichte, Amt für Öffentlichkeitsarbeit der Stadt Würzburg (Hrsg.), 104 Seiten, Bonitas 1987.

Kleine Infotafel an der Stiftskirche Neumünster 8

ca. 650: Der Ort wird Herzogssitz der fränkischen Merowinger.

689: Die Einheimischen meucheln die iro-schottischen Missionare Kilian (s. S. 35), Kolonat und Totnan – und machen die Frankenapostel damit zu bis heute hochverehrten Märtyrern.

704: Erste urkundliche Erwähnung („in castello Virteburch")

706: Die Marienkirche (s. S. 56) auf dem Marienberg wird geweiht.

741: Gründung des Bistums Würzburg durch den „Apostel der Deutschen" Bonifatius

779: In einer Schenkungsurkunde Karls des Großen lässt sich nachlesen, dass in der Gegend Wein angebaut wird.

787: Beginn des ersten Dombaus an der Stelle des heutigen Neumünsters 8

788 und 793: Karl der Große weilt in Würzburg.

Mittelalter: Ausbau bischöflicher Macht

Das für Würzburgs Entwicklung wichtigste Ereignis des Hochmittelalters war die Beleihung seiner Bischöfe mit der Herzogswürde. Sie waren damit als weltliche Herrscher bestätigt und durften sich fortan Fürstbischöfe nennen. Die in romanischer Zeit entstandenen Großbauten Dom 6, Grafeneckart 12 und Neumünster 8 prägen das Stadtbild bis heute.

1030: Die Würzburger Bischöfe erhalten vom Kaiser umfassende Hoheitsrechte.

ca. 1040: Baubeginn des heutigen Doms, inspiriert vom Dom zu Speyer

1156: Kaiser Friedrich I. Barbarossa ehelicht Beatrix von Burgund in Würzburg.

1168: Barbarossa beleiht Bischof Herold mit der Herzogswürde.

1188: Weihe des heutigen Doms

1253: Der Fürstbischof zieht von der Stadt auf die Festung 22.

Von Virteburch über Werzborch zu Würze

Um das Jahr 700 nennt der namentlich nicht bekannte „Geograph von Ravenna" einen Ort namens „Uburzis" und meint damit vermutlich das frühe Würzburg. Die erste gesicherte urkundliche Erwähnung datiert auf 704: **„in castello Virteburch"**. Im selben Jahrhundert sind noch andere Formen in Gebrauch, z. B. „Wirzaburg", „Wirziburg" und „Vuirziburga". Aus dem Mittelalter stammt auch die latinisierte Form **„Herbipolis"**, eine wörtliche Übertragung aus dem Deutschen: Wurz = Herba und Stadt = Polis.

Ab 1376 ist die heutige Form gängig. Würzburgs zeitgenössische Bewohner intonieren den Namen ihrer Stadt allerdings eher wie **„Werzborch"** – was sich auch wie Wedss- oder Wü(a)ddsburch anhören kann. Der Gewohnheit jüngerer Würzburger, lässig **„Würze"** zu sagen, steht die ältere Generation kritisch gegenüber.

Hinsichtlich der **Bedeutung** des Wortbestandteils Wirz/Würz werden vier Theorien vertreten:

- althochdeutsch für Kraut im Sinne von Gewürz
- der keltische Begriff „uird" für Berg, steile Höhe
- das keltische Wort „werz" für Jungfrau als Hinweis auf eine hier verehrte Gottheit
- der keltische Männername „Virtus" mit der Bedeutung Mannhaftigkeit, Tüchtigkeit, Tugend

1316: Das markante Gebäude Grafeneckart wird Rathaus 12.

1402: Erste Gründung der Universität. Ein letztes Mal wurde die erste Universität 1427 urkundlich erwähnt. Hauptgrund für den Niedergang der „Hohen Schule zu Würzburg" war vermutlich deren finanzielle Lage.

017wb-js

Frühe Neuzeit bis 1800: Echterzeit und Barock

In die frühe Neuzeit fielen Konflikte und Nöte wie die Bauernaufstände, der Dreißigjährige Krieg und die Hysterie der Hexenverfolgung, aber auch Glanzpunkte der Entwicklung Würzburgs wie etwa die Wiedergründung der Universität und der Bau der Residenz 1. Julius Echter und die Schönborn-Bischöfe gelten als die prägendsten Personen dieses Zeitalters.

1525: Im Bauernkrieg versuchen die Aufständischen erfolglos die Festung Marienberg 22 zu erstürmen.

1573–1617: In die Amtszeit von Fürstbischof Julius Echter (s. S. 53) fallen unter anderem die Gegenreformation und eine intensivierte „Hexen"-Verfolgung.

1631–1634: Im Dreißigjährigen Krieg besetzen schwedische Truppen die Stadt.

1642–1746: Die drei Schönborn-Bischöfe (s. S. 26) prägen das Stadtbild Würzburgs nachhaltig.

018wb-js

1744: Fertigstellung des Rohbaus der Würzburger Residenz 1

1749: Letzte „Hexen"-Verbrennung Frankens in Höchberg bei Würzburg

1796: Die französische Revolutionsarmee besetzt die Stadt für kurze Zeit.

19. und 20. Jahrhundert

Einschneidendste Entwicklung im 19. Jahrhundert war die Eingliederung des Hochstifts Würzburg in das Kurfürstentum Bayern. Im Zweiten Weltkrieg wurde Würzburg innerhalb eines 20-minütigen Bomberangriffs ausgelöscht. Der Wiederaufbau dauerte Jahrzehnte.

1802: Abdankung des Fürstbischofs als weltlicher Herrscher

1803: Franken fällt an das Kurfürstentum Bayern, das sich sogleich durch bürokratische Reformwut und die Abschaffung regionaler Feiertage unbeliebt macht.

1814: Nach einem kurzen Intermezzo unter der Herrschaft des Großherzogs Ferdinand III. von Toskana wird Mainfranken endgültig bayerisch.

1841: Beginn der Main-Dampfschifffahrt

Eine goldene Madonna ziert die Spitze der Marienkirche (Festung 22)

1854: Anschluss Würzburgs ans Eisenbahnnetz

1895: Der Würzburger Physikprofessor Wilhelm Conrad Röntgen entdeckt die nach ihm benannte Strahlung, wofür er sechs Jahre später den ersten Nobelpreis bekommen wird.

1932: Der gebürtige Würzburger Werner Heisenberg, Mitbegründer der Quantenmechanik, erhält den Nobelpreis für Physik.

16. März 1945: Würzburgs dunkelster Tag: Britische Bomber zerstören die Stadt (s. S. 103). Die Erfolge des Wiederaufbaus übertreffen später alle Erwartungen.

1954: Anschluss Würzburgs an den Rhein-Main-Donau-Kanal

1967: Der Wiederaufbau des Doms ist abgeschlossen. Drei Jahre später gilt der Wiederaufbau der ganzen Stadt als offiziell beendet.

1973: In Anerkennung seiner Städtepartnerschaften erhält Würzburg den Europapreis und den Ehrentitel Europastadt.

1981: Die Residenz 1 wird UNESCO-Weltkulturerbe.

1990: Würzburg richtet die Bayerische Landesgartenschau aus.

1991: Anschluss an das ICE-Netz

21. Jahrhundert

Zu Beginn des dritten Jahrtausends überwiegen erfreuliche Nachrichten: Der Hochwasserschutz wird ausgebaut und die Zahl der Studierenden wächst weiter. 2018 richtete Würzburg zum zweiten Mal die bayerische Landesgartenschau aus.

2004: Würzburg feiert sein 1300-jähriges Bestehen.

2009: Abzug der letzten US-amerikanischen Streitkräfte aus Würzburg

2018: Die Stadt freut sich im Sommerhalbjahr über rund 700.000 Besucher bei der Landesgartenschau.

2020: Christian Schuchardt setzt sich bei der Oberbürgermeisterwahl durch und tritt seine zweite Amtszeit an. Infolge der Corona-Pandemie werden ab März mehrere jährlich stattfindende Großveranstaltungen abgesagt.

2022: Anlässlich eines Bürgerbegehrens votieren 76 % dafür, dass der Großparkplatz Talavera (s. S. 112) kostenfrei bleibt.

2023: Im Februar findet nach pandemiebedingten Absagen 2021 und 2022 wieder der überregional beliebte Würzburger Faschingszug statt.

KURZ & KNAPP

Wappen

Das **Wappen Würzburgs** zeigt eine „**Rennfähnlein**" genannte schrägrechts gestellte Standarte an einer silbernen Lanzenstange vor schwarzem Hintergrund. Das Fahnentuch ist geviert mit der Farbfolge Rot-Gelb (oben) und Gelb-Rot (unten). An den senkrechten Seiten ist die Sturmfahne je zweimal eingekerbt. In Gebrauch ist das Rennfähnlein seit dem 16. Jahrhundert. Passend dazu werden Rot-Gelb-Kombinationen als Stadtfarben verwendet, z. B. für Flaggen.

Jeder **Fürstbischof** verfügte über ein eigenes Wappen. Gerne ließen die Regenten ihr jeweiliges Wappen an den während ihrer Herrschaft entstandenen Bauwerken anbringen: Kirchen, Festungsanlagen, Brunnen usw. Das Erkennungszeichen der Fürstbischöfe beinhaltet stets den fränkischen Rechen und das Rennfähnlein.

Würzburg-Besucher, die danach Ausschau halten, werden fürstbischöfliche Wappen zum Beispiel am Sockel der Brückenheiligen auf der Alten Mainbrücke 13 finden.

„Das Grab am Main" – Würzburgs dunkelste Stunde

In vielen Würzburger Sehenswürdigkeiten taucht das Wort „Alt" auf: Alte Mainbrücke, Alte Universität, Alter Kranen usw. Streng genommen ist das Unfug. In Würzburg ist nämlich überhaupt kein Bauwerk „alt".

Die Stadt wurde am Abend des **16. März 1945** durch einen massiven Bomberangriff der britischen Royal Airforce bis auf die Grundmauern verbrannt und vernichtet – jedenfalls städtebaulich. Wie wir heute wissen, waren Lebenswille und Gemeinsinn ihrer dezimierten Bewohner nicht zu zerstören. Entgegen aller Wahrscheinlichkeit ließen die Würzburger ihre Heimatstadt in nicht für möglich gehaltener Geschwindigkeit wiederauferstehen. Wenn also in diesem Buch von „alt" oder einem architekturgeschichtlichen Baustil gesprochen wird, so meinen diese Zuschreibungen meist nicht, dass die jeweilige Sehenswürdigkeit tatsächlich so und so alt ist, sondern dass das entsprechende Bauwerk in der Art von vor 1945 wiederaufgebaut wurde – in den meisten Fällen mit sehr überzeugendem Resultat!

Dirk Nowitzki – Weltstar aus der Residenzstadt

Der 28. Juni 2011 ist als D-Day in die Stadtgeschichte eingegangen: Der Jubel für Würzburgs größten Sportler auf dem **Platz vor der Residenz** 1 hätte ihren Erbauern, den Schönborn-Fürstbischöfen (s. S. 26) des 18. Jahrhunderts, sicher auch gefallen.

Dirk Nowitzki wurde 1978 in eine sehr sportliche Würzburger Familie hineingeboren. Ab 1999 spielte das „German Wunderkind" für die Dallas Mavericks. Größter Erfolg war der Gewinn der NBA Finals 2011. Im selben Jahr wurde „Dirkules" in Deutschland zum Sportler des Jahres gewählt. Der Würzburger galt schon lange vor seinem Karriereende 2019 als einer der besten Basketballer aller Zeiten. Seit 2014 ist er der erfolgreichste nicht in den USA geborene Scorer in der Geschichte der NBA. Trotz seiner Popularität tritt Nowitzki unterfrankentypisch zurückhaltend auf. Als Auszeichnung für sein soziales Engagement erhielt er Ende 2019 den Verdienstorden der Bundesrepublik Deutschland.

019wb-js

Durstlöschen mit Festungsblick: an Bord des Main Kutter Würzburg (s. S. 46)

Leben in der Stadt

Selbstbewusste **Fürstbischöfe** waren jahrhundertelang zugleich geistliche und weltliche Herren und sorgten für eine 1000 Jahre währende rege Bautätigkeit, vor allem in der Zeit des Barock und der Renaissance. Auch die beiden Universitätsgründungen gehen auf sie zurück. Würzburg wurde unter ihrer Führung zu einer renommierten Wissenschaftsstadt – und ist es bis heute geblieben.

Die **Mentalität** der Mainfranken befördert die günstige Entwicklung ihrer Hauptstadt: Ziele werden hartnäckig und mit großem Fleiß verfolgt. Würzburger lieben praktische Herausforderungen und statt lange zu palavern, lassen sie lieber „die Händ waggl" („die Hände wackeln"). Der gelungene Wiederaufbau nach der Vernichtung der Stadt 1945 (s. S. 103) ist der eindrucksvollste Beweis dieser Einstellung.

Würzburgs Bewohner ziehen ihr Selbstbewusstsein auch aus der Tatsache, dass es in einem weiten

020wb-js

Umkreis von 100 km keine andere Stadt von vergleichbarer Größe gibt. Dementsprechend locken der Einzelhandel und die Gastronomie der Bischofsstadt Tagesgäste aus halb Nordbayern an.

Täglich kommen über 20.000 Besucher (Touristen, Einkaufende und Tagungsgäste) und schätzungsweise 100.000 Pendler nach Würzburg.

Die gerade einmal 130.000 Einwohner zählende Stadt hat für alle umliegenden Regionen die Funktion einer **Metropole:** Rhön und fränkische Vorrhön, Raum Schweinfurt, Steigerwald, Taubertal und Spessart.

In der Domstraße [D4] ist immer etwas los

Franken sind keine Bayern

Zu Beginn des 19. Jahrhunderts verleibte sich das Königreich Bayern mithilfe **Napoleons** die meisten derjenigen Gebiete ein, die heute die Regierungsbezirke Unter-, Mittel- und Oberfranken ausmachen, darunter auch das Bistum Würzburg.

Die Betroffenen haben nicht vergessen, dass sich die „Besatzungsmacht" beeilte, viele Kunstwerke und ganze Bibliotheken nach München zu schaffen – ein Dauerthema auf Websites wie www.franken-sind-keine-baiern.de.

Mit der **politischen Zugehörigkeit** zum Freistaat haben sich große Teile der Bevölkerung inzwischen arrangiert. Dennoch fühlen sich die meisten Franken nicht als Bayern und streben diesen Zustand auch nicht an. Dabei wird es für gewöhnlich nicht als Widerspruch empfunden, Fan des FC Bayern München zu sein.

Hervorstechendster Unterschied zur bajuwarischen **Lebensart** ist das meist viel reserviertere Auftreten der Franken. Schenkelklopfende „Mia san mia"-Wichtigtuereien sind verpönt und gelten als peinlich. Der typisch unterfränkische **Humor** kommt oft sehr trocken daher. Beim Erstkontakt mit Besuchern führt diese Eigenheit manchmal zu Missverständnissen.

Fränkischer Dialekt

In Niedersachsen oder Mecklenburg-Vorpommern würde man einem Mitmenschen, der die unverfälschte unterfränkische Mundart spricht, möglicherweise den Besuch eines Logopäden nahelegen.

Die gravierendsten Symptome in frankentypisch wenigen Worten:

- Die süddeutsche **Konsonantenschwächung** schlägt beim Franken voll durch, z. B. werden p und b sowie t und d als derselbe Laut gesprochen – nämlich als der jeweils weichere. Außerdem wird k im Wortinnern gerne zu g. Beispiel: „Taktik" klingt in Würzburg eher wie „Dagdig", „Politiker" wie „Bollidiga" und „Paprika" wie „Babbriga".
- (Verb-)Endungen werden **verschluckt** und mehrere Silben oder gar Wörter zu einem Laut **verschmolzen.** Beispiel: „Nacherd hammse sich anoch kaut" („Danach haben sie sich auch noch gehauen").
- Vokale unterliegen vielfältigen **Lautverschiebungen,** z. B. wird „ei"/„ai" in Würzburg typischerweise zu „ee": „Schdee" („Stein"), „Bee" („Bein"), „Mee" („Main").
- Begriffe, die nur (noch) im Fränkischen vorkommen: „füanachde" („vorgestern"), „Hünd", „Schüh" (jeweils ohne e) als Plurale von Hund bzw. Schuh und viele andere
- Der Laut „g" wird in der Wortmitte und am Wortende gerne wie „ch" ausgesprochen: Vochel, Berch, Wördsburch etc.
- Das Imperfekt wird in der gesprochenen Sprache nicht benutzt, ebenso wenig wie der Genitiv.
- Das Wörtchen „wo" ist ein recht universaler Relativpartikel: „Die Loid, wo ich so kenn."
- In Würzburg ist die Diminutiv-Endung der Wahl nicht „-chen" oder „-lein", sondern „-li": „Meefischli" = Main-Fischchen. In weiteren Gebieten Unterfrankens kommt hingegen „-le" zur Anwendung: „Meefischle" = „Fischle ausm Mee". Oberfranken, etwa aus Bamberg, verkleinern wiederum mit „-la": „Fischla ausm Maa" = „Maafischla".

Aber keine Sorge, die meisten Mainfranken beherrschen Hochdeutsch – oder verstehen es zumindest im Großen und Ganzen …

Fränkisch für Anfänger

Einige Dialektausdrücke, die in Würzburg und Umgebung gängig sind, von Nicht-Süddeutschen aber normalerweise nicht verstanden werden:

äweng	ein wenig
arch/orch	sehr (von „arg")
babbln	plaudern (Babbn = Mund)
dahemm	zu Hause (von daheim)
nedd	nicht
gaschdich	übellaunig (von garstig)
sääs	hallo (Servus)
schmarrn	sprechen (von schmarren)
Schmanedd!	Was Du nicht sagst!
wechnmia	meinetwegen (wegen mir)
Kibf/Wegg	Brötchen (Kipf/Weck)
fei	übrigens (auch Ausdruck der Bekräftigung/ Verwunderung)

Um jemanden zu ermahnen, bitte nicht so zimperlich zu sein, ruft man ihm zu:

„Gäh hemm zu di Memm un läss dich wösch un kämm!“ = „Gehe nach Hause zu deiner Mutter und lasse dich dort von ihr waschen und kämmen!“

Und eine typische Redewendung, um auszudrücken, dass etwas sinnlos ist:

„Dess hässt doch Wasser nain Mee gedraache.“ = „Das heißt doch Wasser in den Main tragen.“

Unterfranken gelten tendenziell als **maulfaul,** reduzieren Dialoge also gerne auf das Wesentliche. Eine Konversation unter Arbeitskollegen oder Nachbarn kann durchaus so klingen (mit Übertragung ins Standarddeutsche):

„Sääs, und?“	„Schönen guten Tag, wie geht es Dir heute?“
„Leffd! Selba?“	„Es läuft vorzüglich! Und bei Dir?“
„Bassd scho!“	„Danke der Nachfrage, ich kann nicht klagen!“
„Machmer weida!“	„Super, dann lass uns mal beide weiter unseren Geschäften nachgehen!“
„Dess werd scho!“	„Bestimmt wird alles gut ausgehen!“
„Na hau nei!“	„Gewiss, Dir auch alles Gute!“

Wer sich näher mit dem Phänomen Fränkische Mundart befassen möchte, besorgt sich das im Reise Know-How Verlag erschienene Bändchen **Kauderwelsch Fränkisch** – Das Deutsch der Franken, 5. Auflage 2012, das auch als Audio-CD erhältlich ist.

Von Häckern und Heckenwirtschaften: traditionsreiche Direktvermarkter

In anderen Weinbaugebieten heißen sie Besenwirtschaft, Winzerstube oder Straußwirtschaft – und in Mainfranken eben **Hecken- oder Häckerwirtschaft.** Konzept und Ereignis sind überall dasselbe:

In den so bezeichneten Lokalen dürfen Winzer ihren **eigenen Wein,** zum Rebensaft passende Snacks und kleine einfache Speisen saisonal verkaufen. Im Sommer gibt es Wein, im Frühherbst frischen Bremser (Federweißer).

Dazu werden oft auch Snacks oder kleine Speisen gereicht, zur Federweißer-Zeit während der Weinlese z. B. Zwieflblohds (Zwiebelkuchen). Ebenfalls köstlich ist die **Fränkische Häckerbrotzeit,** eine reichhaltige kalte Vesperplatte mit verschiedenen Wurst- und Käsesorten als Hauptbestandteil.

In früheren Zeiten räumte der Winzer für die saisonale Bewirtung Wohnzimmer, Viehstall oder Garage frei. Heute haben viele eine Gaststättenkonzession und geschmackvoll-urig eingerichtete Schankräume.

Die **Bezeichnung** soll von den (Hecken-)Zweigen herrühren, die zum Zeichen, dass geöffnet war, zu Kränzen gebunden aus dem Fenster des Lokals gehängt wurden. Außerdem bezeichnet **Häcker** traditionell einen Weinbauern mit wenig Anbaufläche. Wer in Würzburg den Oberen Markt [D3] von Westen her betritt, kann am Häckerbrunnen seit 1977 ein solches Original in Bronze gegossen bewundern: Verschmitzt

021wb-js

kauzig, mit Hacke, Kittel, Schürze und Krug – und eventuell nicht mehr ganz nüchtern ...

Die Heckenwirtschaften haben neben den vielen Weinfesten viel dazu beigetragen, dass Wein in Mainfranken ein **Volksgetränk** ist und bleibt.

Unter anderem folgende Websites informieren über Lokale und Termine:

- www.heckenwirtschaft-info.de
- https://wuerzburgwiki.de/wiki/Kategorie:Heckenwirtschaft
- www.heckenwirtschaften-franken.de: Selbstbewusste Eigenbeschreibung des ebenso informativen wie übersichtlichen Internetauftritts: „Der Wegweiser für Weinfreunde des Frankenweins". Die populäre Website bietet Listen wichtiger Weinorte und aktueller weinseliger Veranstaltungen. Es kann auch gezielt nach Regionen wie zum Beispiel „Südliches Maindreieck/Taubertal" gesucht werden oder nach Kategorisierungen der Lokale in Heckenwirtschaften, Weinstuben beziehungsweise Vinotheken.

Weitere empfehlenswerte Literatur zum Thema gibt es auch in Buchform:

- Rebensaft-Guide: **„Frankens schönste Weinstuben und Heckenwirtschaften"**, Markus Raupach und Bastian Böttner, Fränkischer Tag Buchverlag 2011. Auf 384 Seiten werden fast 300 Möglichkeiten aufgeführt, einen guten Tropfen und (oft) auch eine leckere Brotzeit oder mehr zu genießen.
- Adressen, Termine und Öffnungszeiten: **„Fränkische Heckenwirtschaften 2023"**, 76 kompakte Seiten und eine praktische Übersichtskarte der Region, zu beziehen für 3,50 € via http://heckenwirtschaften-franken.de/hewi.php. Der broschierte Führer überzeugt mit Infos zu mehr als 100 Heckenwirtschaften und Weinstuben in über 70 Orten und bietet nützliche Hinweise zu öffentlichen Verkehrsmitteln sowie Radtouren-Tipps für ganz Weinfranken und vieles mehr.

Im Weineck Julius Echter, der Vinothek des Juliusspital Weinguts (s. S. 52), erhält man eine individuelle Weinberatung

PRAKTISCHE REISETIPPS

056wb-js

An- und Rückreise

Würzburg ist aus Deutschland, Österreich und der Schweiz hervorragend per Zug, Fernbus oder eigenem Fahrzeug zu erreichen.

Die nächstgelegenen internationalen Flughäfen sind diejenigen von Frankfurt am Main (120 km) und Nürnberg (100 km).

Mit dem Zug

Würzburg ist an das ICE-Netz der Deutschen Bahn angeschlossen. Wer sparen möchte, achtet auf entsprechende Sonderangebote. Für Reisende aus Bayern kann sich die Anreise mit dem **Bayern-Ticket** lohnen. Es berechtigt für einen Tag zur Fahrt in allen bayerischen Regionalzügen, U-Bahnen, Straßenbahnen und fast allen Linienbussen. Für Würzburg-Reisende besonders interessant: Der Geltungsbereich erstreckt sich auch auf die öffentlichen Verkehrsmittel im Würzburger Nahverkehr (Verbundverkehr).

Vorseite: Steinerner Wächter am Eingang des Rokokogartens in Veitshöchheim 29

Der Würzburger Hauptbahnhof

Der wichtigste Omnibus-Bahnhof Würzburgs befindet sich direkt neben dem Hauptbahnhof [E1]. Außerdem halten **fast alle Straßenbahnlinien** in direkter Nachbarschaft.

Mit dem Fernbus

Würzburg wird von mehreren Fernbus-Anbietern bedient. Schnäppchenjäger, die sich mit viel Vorlauf um Tickets kümmern, berappen z. B. für die Anreise von Berlin ab ca. 20 €.

Würzburgs Haltestelle für Fernbusse befindet sich westlich des Bahnhofsvorplatzes zwischen den Bushaltestellen des ZOB und dem Bahnhofsgebäude [E1].

Tipp: Auf Fernbus-Vergleichsportalen wie **www.fernbusse.de** oder **www.busliniensuche.de** wird auf Zugverbindungen der Deutschen Bahn zu konkurrenzfähigen Preisen hingewiesen. Konditionen beachten!

Mein Tipp

Schnell noch was besorgt

Im Ostteil des Bahnhofsgebäudes bekommen Sie sowohl Drogerieartikel als auch Lebensmittel und Dinge des täglichen Bedarfs, und das auch sonntags und für Würzburger Verhältnisse zu noch relativ später Stunde.

› **Müller Drogerie,** geöffnet: Mo.–Fr. 7–21, Sa./So. 8–21 Uhr

Mit dem Auto

Auf der **A7** von Norden kommend ist die Anschlussstelle Würzburg-Estenfeld die Autobahnabfahrt der Wahl.

Wer über die **A3** anreist, verlässt die Autobahn von Westen kommend an der Anschlussstelle Würzburg-Heidingsfeld. **Tipp für Staugeplagte:** Während des Berufsverkehrs und zu Ferienzeiten hat es sich bewährt, bereits bei Helmstadt abzufahren, um dann relativ stress- und ampelfrei über die B8 in Würzburg anzukommen (auch wenn viele Navis etwas anderes empfehlen).

Von Südosten her über die A3 kommend, ist die erste Anschlussstelle nach dem Biebelrieder Kreuz die ideale Abfahrt. Unmittelbar nach Verlassen der Autobahn passiert man rechter Hand den **Mainfrankenpark**, ein großes Gewerbegebiet mit vielen Freizeiteinrichtungen und dem preisgünstigen Motel Pelikan (s. S. 128).

Autofahren

In der Würzburger Innenstadt mit dem Auto umherzufahren ist nicht nur stressig, sondern wegen des kompakten Aufbaus der Stadt und dem zuverlässigen ÖPNV auch völlig unnötig.

Parken

Tagesbesucher stellen ihr Fahrzeug in einem der zentrumsnahen **Parkhäuser** ab. Parken im Innenstadtbereich kostet meist ca. 2 € pro Stunde.

Die Schilder des **elektronischen Parkleitsystems** geleiten ortsunkundige Fahrer zuverlässig zu freien Stellplätzen. Hier die Daten von besonders günstig gelegenen, rund um die Uhr geöffneten Parkhäusern:

047wb-js

- P116 [C3] **Kranengarage,** Am Mainkai (neben dem Alten Kranen)
- P117 [C4] **Marktgarage,** unter dem Marktplatz und damit ganz nah bei der Tourist Information (s. S. 113). Einfahrt über Karmelitenstraße oder über den Paradeplatz durch die Martinstraße. Ein moderner Aufzug bringt Parkende auf den Oberen Markt mitten in der Altstadt.
- P118 [D3] **Parkhaus Mitte,** Bronnbachergasse (direkt an der Fußgängerzone)
- P119 [D5] **Parkhaus Neubaustraße,** neben dem Hotel Rebstock (s. S. 127). Einfahrt über die Franziskanergasse.
- P120 [E3] **Parkhaus Theater,** Rüdigerstraße (mit direktem Durchgang zum Mainfranken Theater, s. S. 87)

Möchte man ohnehin die Residenz 1 besuchen, bietet es sich ggf. an, das Auto auf dem **Residenzparkplatz** unmittelbar davor zu parken, 7–20 Uhr die ersten beiden Stunden jew. 2 €, jede zusätzliche Stunde 1,50 €, 20–7 Uhr je zwei Stunden 1 € (Tageshöchstsatz 19 €).

Die Würzburger Residenz 1 findet man auch ohne Navi

Wer nicht gerne Parkhausautomaten füttert, wird am ehesten außerhalb von Würzburgs Ringpark einen **kostenfreien** Parkplatz finden. Unbedingt auf die Parkschilder achten, denn die örtliche Verkehrsüberwachung ist äußerst rührig.

Relativ zentrumsnah parkt man auch auf der Altstadtseite der Ludwigsbrücke. Die gepflasterten Plätze Richtung Innenstadt sind alle kostenpflichtig, einige Dutzend stadtauswärts direkt am Main gelegene sind hingegen kostenfrei (Zufahrt etwas versteckt von der parallel zum Fluss verlaufenden Straße Ludwigkai aus, und zwar zwischen Arndt- und Rückertstraße auf Höhe des Gebäudes Ludwigkai Nr. 28).

Eine Alternative auf der anderen Mainseite kann der kostenfreie **Großparkplatz Talavera** zwischen Friedensbrücke und Brücke der Deutschen Einheit sein.

Parkscheine an Automaten für Parkplätze innerhalb des vom Ringpark begrenzten Areals schlagen mit ab 1 € pro 30 Minuten zu Buche und sehen i. d. R. eine Höchstparkdauer von 2 Stunden vor.

Parkplätze für Wohnmobile

In Würzburg und Umgebung gibt es mehrere Caravan-Stellplätze. Eine Auswahl findet sich unter www.fraenkisches-weinland.de/camping-und-wohnmobil.

- P121 [B2] **Stellplatz Friedensbrücke,** Dreikronenstraße 2, Tel. 361742. Gebührenpflichtige Stellplätze für zehn Reisemobile unter der Friedensbrücke am Mainufer, wenig Ausstattung, Verkehrsgeräusche hörbar, maximale Standzeit zwei Tage, ganzjährig nutzbar (während bestimmter Großveranstaltungen gesperrt).
- P122 **Stellplatz Veitshöchheim,** Am Güßgraben/Ludwig-Volk-Steg, direkt am Mainufer. Fünf kostenlose Wohnmobilstellplätze ohne Ausstattung, maximale Standzeit: 24 Stunden mit Parkscheibe, ganzjährig nutzbar.
- P123 **Thüngersheim** (15 km nördlich von Würzburg): Stellplatz Main-Aue, Am Main, 97291 Thüngersheim, Tel. 09364 81350. Über 20 gebührenfreie Stellplätze am Main neben dem Schwimmbad (Untergrund Wiese), Haustiere erlaubt, Ver- und Entsorgung kostenlos am Freibad, Stromanschluss vorhanden, geöffnet von April bis Oktober, keine Reservierung erforderlich.
- › Tipp: Der **Campingplatz Kalte Quelle** (s. S. 128) verfügt über eine Ver- und Entsorgungsstation für Wohnmobile.

Barrierefreies Reisen

Barrierefreiheit wird in Würzburg großgeschrieben. Die meisten der Spitzensehenswürdigkeiten können auch von Menschen mit Behinderung problemlos besucht werden – darunter alle in diesem Buch als Hauptsehenswürdigkeit beschriebenen **Kirchen.**

Einige Gästeführer haben sich hinsichtlich der **besonderen Anforderungen** mobilitätseingeschränkter, hörgeschädigter, blinder oder sehschwacher Gäste weitergebildet und bieten entsprechende Führungen an. Notwendige Begleitpersonen gelten nicht als Teilnehmer und werden daher nicht berechnet. Der Gästeführerservice bittet um möglichst frühzeitige Anmeldung.

- › **Congress Tourismus Würzburg,** Am Congress Centrum, Tel. 372650, www.wuerzburg.de/fuehrungen

Online hält die Stadt Würzburg Listen mit **rollstuhlgerechten Parkplätzen** und **barrierefreien Toiletten** bereit: www.wuerzburg.de → Gesundheit & Soziales → Menschen mit Behinderung.

Eine online verfügbare PDF-Datei informiert über die **Barrierefreiheit der Würzburger Kirchen:** www.wuerzburg.de/de/gaeste/kirchen/m_33216.

Auch die Diözese Würzburg informiert online über Barrierefreiheit: www.barrierefrei.bistum-wuerzburg.de.

Informationsquellen

Infostellen in der Stadt

Die sehr zentral gelegene **Tourist Information** ist die erste Anlaufstelle für Besucheranliegen und -fragen aller Art: Stadtpläne, Broschüren, Stadtführungen, Übernachtungen, Stadtrundfahrten, Ticketservice und vieles mehr – die im Falkenhaus 11 am Oberen Markt untergebrachte Tourist Information bietet alles, was man von einer professionell geführten Stelle dieser Art erwarten darf. Selbstbewusste Selbstauskunft: „Von A wie Aufenthaltsgestaltung über S wie Souvenir bis Z wie Zimmer".

Das **Souvenirangebot** umfasst auch Wein aus den Kellern der drei größten Weingüter (s. S. 125). Außerdem können Besucher hier die **Würzburg Welcome Card** (s. S. 114) erhalten. Beliebt sind die **Stadtführungen** zu bestimmten Themen, zum Beispiel „Das mittelalterliche Würzburg" oder „Hexenverfolgungen in Würzburg".

124 [D3] **Tourist Information & Ticket Service,** Falkenhaus, Marktplatz 9, Tel. 0931 372398 (Tourist Information) und Tel. 0931 372436 (Ticket Service), www.wuerzburg.de, geöffnet: Nov.–

Würzburg preiswert

Sparfüchse freuen sich über folgende Low-Budget-Tipps in Stichpunkten:

- **Übernachtung:** Pension Siegel (s. S. 127), Hostel Babelfish (s. S. 128) – oder eine Pension in Sommerhausen (s. S. 70) wählen und von dort nach Würzburg pendeln
- **Kaffee und Snacks:** Kiosk der Kette YORMA'S im Hauptbahnhof, Kaffee ab 1,60 €, große Baguettes ab 3 €, Früchtebecher ab 2 € u. v. m., geöffnet: tägl. bis mind. 21.30 Uhr
- **Lecker Essen zum Sparpreis:** Die schon öfter für die Qualität ihrer Speisen prämierten Mensen der Würzburger Universität stehen auch Gästen offen. Meistens gibt es mindestens ein interessantes Gericht, das auch Externe nur ca. 5 € kostet. Der für Würzburg-Besucher günstigste Mensa-Standort ist das Studentenhaus an der Ecke Sanderglacisstraße/Am Exerzierplatz knapp neben dem Ringpark:

125 [D6] **Studentenhaus**, Am Studentenhaus, Tel. 80050 (Zentrales Studentenwerk), www.studentenwerk-wuerzburg.de, Essensausgabe: während der Vorlesungszeit der Universität Mo.–Fr. 11–14 und Mo.–Do. 14–16 Uhr (in der sogenannten Burse unmittelbar daneben). Wiederholt als veganerfreundlich ausgezeichnet. Cafeteria Mo.–Fr. 8–11 und Brötchen-/Kuchenverkauf über die Mensatheke 11.30–14 Uhr.

- **Kulturgenuss:** Der Eintritt in alle Würzburger Kirchen ist frei. Ebenfalls gratis ist der Eintritt in das sehenswerte Martin-von-Wagner-Museum (s. S. 23) und in die Galerie-Spitäle-Ausstellungen (s. S. 74).

Mein Tipp

Würzburg Welcome Card

Die für 3 € bei der Tourist Information im Falkenhaus (s. S. 113) erhältliche Karte sorgt für vielfältige Vergünstigungen, entweder in Form einer Sofortermäßigung von mindestens 1 €, zum Beispiel bei Führungen, Rundfahrten und Eintrittsgebühren, oder per prozentualem **Rabatt**, etwa auf Speisen und Getränke in allen teilnehmenden Lokalen. Karteninhaber zahlen außerdem 10 % weniger beim Kauf von Souvenirs in der Tourist Information. Ermäßigungen auf Eintrittspreise gewähren unter anderem folgende Einrichtungen in Würzburg:

- Residenz 1
- Museum im Kulturspeicher 21
- Museum am Dom (s. S. 72)
- Domschatz (s. S. 72)
- Museum Shalom Europa (s. S. 73)
- Theaterwerkstatt (s. S. 88)
- Mainfranken Theater (s. S. 87)
- Mainschifffahrt (s. S. 126)

Nach dem Kauf ist die Welcome Card drei Tage lang gültig. Mehr Details findet man auf der Website der Stadt (www.wuerzburg.de, Suchbegriff: Welcome Card).

April Mo.–Mi. 10–16, Do. 10–18, Sa. 10–14, Mai–Okt. Mo.–Fr. 10–18, Sa./So./Fei. 10–14 Uhr

- Fragen rund um den Dom und zu Führungen in Dom, Neumünster, Marienkapelle und Stift Haug beantwortet die Dominfo Würzburg (s. S. 35).
- Auskünfte zu Würzburgs **ÖPNV** können beim Verkehrsverbund Mainfranken VVM eingeholt werden: www.vvm-info.de. Für Informationen zur Routenplanung und Fahrpläne werden Nutzer zu www.bahn.de und www.bayern-fahrplan.de weitergeleitet.

Würzburg im Internet

- **www.eskimue-panorama.de** – 360-Grad-Ansichten großartiger Sehenswürdigkeiten. Der Suchbegriff Würzburg führt zu mehreren Treffern, z. B. St. Michael 3 und Käppele 24.
- **www.wuerzburg24.com** – Stadtportal mit vielen interessanten Nachrichten, Links und Veranstaltungstipps zu Würzburg und Umgebung
- **www.wuerzburg.de** – Das offizielle Portal der Stadt ist gespickt mit Infos und Links zu fast allem, was Bewohner und Besucher interessieren könnte. Zum Beispiel gibt es einen Veranstaltungskalender und Linklisten zu Aktivitäten aller Art. Einfach auf „Gäste" klicken. Sehr nützlich: Kostenfreie Broschüren und Stadtpläne können schon vor Reiseantritt bequem online nach Hause bestellt werden.
- **www.wuerzburgerleben.de** – Online-Portal mit Nachrichten, Infos und Service-Meldungen
- **www.wuerzburg-fotos.de** – Sammlung systematisch sortierter Fotos. Außerdem kurze Videos.
- **www.wuerzburgwiki.de** – Engagierte Würzburger füttern die freie Online-Enzyklopädie mit Infos über ihre Stadt und Umgebung. Weit über 10.000 Einzelseiten mit Traditionswissen und typisch Würzburgerischem, aber auch Öffnungszeiten und Veranstaltungstipps stehen im weiter wachsenden „Wiki für Würzburg".
- **www.wuewowas.de** – Lokale Termine und Entertainment-Tipps aller Art
- **https://youtu.be/LOFNWbZym4M** – Würzburg vor und nach dem 16. März 1945 – virtuelles 3D-Modell der Domstraße: Am Ende der gut vier Minuten langen Präsentation sind auch 3D-Modelle anderer Sehenswürdigkeiten zu sehen.
- **www.youtube.de:** Suchbegriff Würzburg Audio Reiseführer. Vorstellung herausragender Sehenswürdigkeiten.

› https://youtu.be/Y7kHdwtlkWU – Der Würzburger Rapper Mista besingt seine Heimatstadt.

Publikationen und Medien

In Würzburg und Umgebung ist die **Main-Post** auch wegen ihres Lokalteils die beliebteste Tageszeitung. Der Verlag gibt noch einige andere lokale Blätter heraus, darunter auch kostenlose Verbrauchermagazine, Ratgeber und Broschüren unterschiedlicher Art.

Das Kulturmagazin **Leporello** (www.leporello-kulturmagazin.de) ist ebenfalls gratis. Es deckt den Raum Würzburg, Mainfranken und Bamberg ab. Das gleichfalls kostenfreie Magazin **FRIZZ** überzeugt mit Features, Interviews, Verlosungen und unzähligen Veranstaltungstipps. Auf der Website sind aktuelle Ausgaben als ePaper abrufbar (http://frizz-wuerzburg.de). **Liebe Nachbarn** (www.liebe-nachbarn.net) ist ein weiteres für seine Leserschaft kostenloses Stadtmagazin. Der Schwerpunkt liegt auf Lifestyle-Themen.

Smartphone-Apps

› **Bistum Würzburg:** Gratis-App für iOS und Android. Kirchen und Gottesdienste, Nachrichten, Termine und Videos im Bistum Würzburg.
› **inFranken E-Paper:** kostenpflichtige App für iOS und Android. Bietet Zugriff auf das jeweilige E-Paper von fünf Tageszeitungen der Region ab 5 Uhr morgens.
› **Main-Post News:** kostenpflichtige App für iOS und Android. Unbegrenzter Zugriff auf alle Website-Inhalte der Tageszeitung Main-Post, außerdem persönlicher Nachrichtenmix, Push-Mitteilungen und vieles mehr. Nutzung auf bis zu drei Endgeräten gleichzeitig.

Würzburg als Filmkulisse

Bauwerke wie die Residenz 1, die Alte Mainbrücke 13 und die Festung Marienberg 22 prädestinieren die Stadt als Kulisse für Film und Fernsehen. Eine Auswahl:

› **Die Drei Musketiere,** Abenteuerfilm von 2011 mit Orlando Bloom, Regie: Paul W. S. Anderson. Der mit vielen internationalen Stars besetzte Film entstand ausschließlich in Deutschland. Neben Würzburg dienten auch Bamberg und München als Drehorte.
› **Freiwild – Ein Würzburg-Krimi,** Spielfilm von 2008, Regie: Manuel Siebenmann. Für den Bayerischen Rundfunk zu großen Teilen in Würzburg und Sommerhausen 30 gedreht.
› **Lammbock – Alles in Handarbeit,** Komödie von 2001 mit Moritz Bleibtreu, Regie: Christian Zübert. Zwei Freunde betreiben in Würzburg einen Pizza-Service. Spezialität ist die „Pizza Gourmet", bei der Cannabisprodukte aus eigenem Anbau mitgeliefert werden. Einer der beiden hadert mit seiner Studienfachwahl: Jura. Im Jahr 2017 kam mit **Lommbock** die Fortsetzung des Publikumserfolgs in die Kinos.
› **Vorne ist verdammt weit weg,** Komödie von 2007 mit Frank-Markus Barwasser (s. S. 87), Regie: Thomas Heinemann. Der Film mit dem sonderbaren Titel handelt vom Versuch, eine Jobverlagerung in die Mongolei abzuwenden. Der Autor dieser Zeilen ist stolz auf seine kleine Komparsenrolle.

Meine Literaturtipps

Eine kleine Auswahl von Romanen, deren Handlung ganz oder teilweise in Würzburg spielt:

- **Der Kainsmaler** von Gerd Friederich, Silberburg 2009. Eine Reise in das Würzburg des beginnenden 20. Jahrhunderts! Einen erfolgreichen Pastellmaler quält ein unheimliches Rätsel aus seiner Kindheit. Dann häufen sich mysteriöse Begebenheiten. Die packende Geschichte ist mit realen Fakten aus jener Epoche verwoben.
- **Die Nacht der Brückenheiligen** von Kurt Egreder, Verlag J.H. Röll 2000. Der Leser erfährt, dass die überlebensgroßen Figuren auf der Alten Mainbrücke (13) nachts lebendig werden und ihre Sockel verlassen, um sich nach dem langen Rumstehen die Füße zu vertreten. Auch die Lebensläufe der Brückenheiligen sind Thema des mit reichlich trockenem Humor geschriebenen 120-Seiten-Büchleins. Leser werden nach der Lektüre nie mehr unbefangen über Würzburgs Alte Mainbrücke spazieren können!
- **Die Räuberbande** von Leonhard Frank, erstmals verlegt 1914. Der tragisch-komische Jugendroman um eine Würzburger Bande ist seit über 100 Jahren ein Dauerbrenner. Die jungen Protagonisten verwirklichen ihre Träume von Freiheit mit Beutezügen durch die Weinberge. Für seinen Debütroman erhielt der Autor 1914 den Fontane-Preis.

Der aus Gerolzhofen bei Schweinfurt gebürtige Schriftsteller **Roman Rausch** hat Würzburg bereits vier Mal zum Handlungsort seiner historischen Romane gekürt. Er versteht es dabei vorzüglich, Personen der Zeitgeschichte in spannende fiktionale Handlungen einzubinden. Alle vier sind im Rowohlt-Taschenbuch-Verlag erschienen.

- **Das Caffeehaus** (2009). Balthasar Neumann und ein ehemaliges Haremsmädchen treffen mehr als einmal aufeinander. Sie träumt davon, in Würzburg ein Caffeehaus zu eröffnen. Er plant, die Residenz zu bauen.
- **Die Kinderhexe** (2011). Zur Zeit des Dreißigjährigen Krieges wütet der Hexenwahn auch in Würzburg. Die zehnjährige Kathi gerät

063wb-js

Würzburgs moderne und gut ausgestattete Stadtbücherei (s. S. 43) lädt zum Schmökern ein

mitten hinein. Falsche Bezichtigungen lassen die Scheiterhaufen an den „Brandtagen" nicht mehr ausgehen. Auch zeitgenössische Foltermethoden sind Thema.

- **Die Kinder des Teufels** (2012). Kathis kleines Brüderchen trägt ein auffälliges Muttermal – zur Zeit der Hexenverfolgung im 1629 eine sehr gefährliche Angelegenheit. Als ihre Mutter stirbt, muss sie sich um den Kleinen kümmern. Die einsetzende Hetzjagd bringt Kathi, das Baby und ihre Freunde in höchste Gefahr.
- **Die letzte Jüdin von Würzburg. Historischer Roman** (2014). Ein bewegender Schicksalsroman über die Ermordung von Würzburger Juden im 14. Jahrhundert. Auf der Leipziger Buchmesse 2015 brachte das packende, über 500 Seiten starke Werk dem Autor in der Kategorie Historischer Spannungsroman den „Bronzenen Homer" ein.

Auch Roman Rauschs 2003 gestartete **Krimi-Reihe** um die Würzburger Kommissare Kilian & Heinlein erfreut sich vieler Fans. In den Kriminalromanen finden die heutigen Bewohner der Stadt ihre Lebensart ganz hervorragend gespiegelt. Der erste Band der Reihe, **Tiepolos Fehler** (1999), geizt nicht mit historischen Bezügen.

Der bekannteste Krimi-Held Würzburgs ist der Ex-Kommissar und Weingenießer Erich Rottmann. Als **„Schoppenfetzer"** sieht er sich in inzwischen über einem Dutzend Geschichten mit skurrilen Kriminalfällen konfrontiert. Los ging es 2003 mit „Der Schoppenfetzer und die Silvanerleiche". Autor der Regiokrimi-Reihe ist der gelernte Rechtspfleger Günther Huth. Alle Schoppenfetzer-Storys haben etwa 160 Seiten. Im Jahr 2013 erschien Corina Köllns erster **Würzburg-Heidingsfeld-Krimi** „Die Rosenkönigin" im selben Verlag. Bereits ein Jahr später folgte „Die Waldprinzessin".

Vor allem Kinder- und Jugendbücher **verbinden** die Würzburg-typischen Genres Krimi und Historienroman, z. B.:

- **Die Maske der Verräter** von Ulrike Schweikert, cbj 2007. Der historische Jugendroman spielt im Würzburg des 15. Jahrhunderts. Der Schmiedelehrling Jos wird in eine gefährliche Verschwörung verwickelt.
- **Verrat am Bischofshof – Ein Ratekrimi aus dem Mittelalter** von Harald Parigger, Loewe 2003. In der Kinderbuch-Reihe „Tatort Geschichte" werden geschichtliche Hintergründe in die Krimihandlung eingebettet. Dieser Band spielt im 14. Jahrhundert am Würzburger Bischofshof. Ganz nebenbei erfährt man viel Wissenswertes über die Küche und Medizin des Mittelalters. Das Glossar erklärt wenig bekannte Begriffe.

Sachbücher:

- **Streifzüge durch 13 Jahrhunderte Stadtgeschichte** von Hans Steidle und Christine Weisner, Echter Verlag 1999. In dem Buch wird die Stadtgeschichte auf spannende Weise erzählt.
- **Würzburger Straßen und Plätze erzählen Geschichte(n)** von Bernd Eusemann, Echter Verlag 2014. Der Autor hat Ursprung und Bedeutung der Namen von Würzburger Straßen und Plätzen akribisch recherchiert.

› **TV Mainfranken:** kostenlose App für iOS und Android. Aktuelle Nachrichten und Videobeiträge des Regionalsenders TV touring. Schwerpunkte der Berichterstattung sind Würzburg und Umgebung.

LGBT+

In der Residenzstadt bereits seit Jahrzehnten eine Institution ist das im Mainviertel (westlich des Flusses) ansässige **WuF.** Das Akronym steht für „Werdet unsere Freunde". Das WuF-Konzept trägt diesem Ansatz in wunderbarer Weise Rechnung, denn das Zentrum bietet nicht nur vielfältige Informationen und Unterstützungsofferten, sondern organisiert auch gesellige Events unterschiedlicher Art.

Das vom WuF herausgegebene **wufmag** (www.wufzentrum.de/index.php/wufmag) ist ein monatlich erscheinendes Magazin für queere Menschen in Würzburg mit zahlreichen Termin-Infos.

•**126** [A3] **WuF – Queeres Zentrum Würzburg,** Nigglweg 2 (Mainviertel), Tel. 412646, www.wufzentrum.de

› Jeden ersten Samstag im Monat steigt die **Popular GayDisco** („hosted by wufzentrum.de") an wechselnden Orten wie dem Chambinzky (s. S. 88). Die erzielten Einnahmen helfen dem WuF dabei, seinen laufenden Betrieb zu finanzieren.

› Bei queeren Club- und Partygängern populär ist auch die **gay.volution** im Zauberberg (s. S. 87): jeden dritten Freitag im Monat ab 22 Uhr. Bis 23 Uhr ermäßigter Eintritt und Getränke-Happy-Hour.

› Straßenzug und -fest des örtlichen **Christopher Street Day** (CSD) finden an wechselnden Terminen im Sommer statt.

Medizinische Versorgung

Zentral gelegene ärztliche Bereitschaftspraxis

In dringenden Fällen bietet folgende, direkt neben der Theresienklinik in der Innenstadt (s. rechts) eingerichtete Bereitschaftspraxis ärztliche Versorgung:

› Domerschulstraße 1, Tel. 322833, www.kvb.de (Suchbegriff: Würzburg), Sprechzeiten: Mi./Fr. 14–21, Sa./So./Fei. 8–21 Uhr

☑ *Allein in der Altstadt gibt es rund 20 Apotheken*

098wb ©modernmovie, stock.adobe.com

Krankenhäuser

Daten von zwei zentral gelegenen Würzburger Kliniken und des Universitätsklinikums:

- ⊕127 [D2] **Juliusspital,** Juliuspromenade 19, Tel. 3930, www.juliusspital.de/familie/krankenversorgung
- ⊕128 [D4] **Theresienklinik,** Domerschulstraße 1–3, Tel. 35140, www.theresienklinik-wue.de
- ⊕129 **Universitätsklinikum,** Josef-Schneider-Straße 2, Tel. 2010, www.ukw.de

In Würzburg gibt es relativ viele Apotheken, von denen aber keine einen regulären 24h-Service anbietet. Welche **Apotheke gerade Notdienst** hat, erfährt man über spezialisierte Online-Portale, z. B. auf www.aponet.de (dann „Apotheke finden", „Notdienst").

Mit Kindern unterwegs

Würzburg ist ein kinderfreundliches Reiseziel. Restaurants, Cafés, Eisdielen usw. freuen sich über kleine Gäste und sind entsprechend ausgestattet (Hochstuhl, Kinderteller, Malsachen etc.).

In der Galeria-Kaufhof-Filiale (s. S. 89) in der Schönbornstraße gibt es auf der vierten Etage einen **Wickeltisch.** In der Drogerie dm in der Eichhornstraße findet man im ersten Stock (Fahrstuhl) ebenfalls einen. Sie liegt auf halbem Weg zwischen dem Falkenhaus ⓫ am Oberen Markt und dem Mainfranken Theater.

Die weitläufigen Gartenanlagen hinter der Residenz ❶ laden zum Toben ein. Dasselbe gilt für den Ringpark (s. S. 31) und das **Landesgartenschau-Gelände von 1990** ㉗. Dort zieht der große Spielplatz [A4] mit den Wasserspielen Kinder magisch an. Er liegt ganz in der Nähe des Eingangs an der Zeller Straße.

Auf der offiziellen Website der Stadt kann eine Liste mit Würzburger **Spielplätzen** aufgerufen werden: www.wuerzburg.de (Suchbegriff: Spielplätze).

Mit ihren Türmen und Gemäuern begeistert die **Festung Marienberg** ㉒ Kinder und Erwachsene. Ältere Kinder können mit Verständnisfragen zur Burg geködert werden: Was ist das Tolle an der geografischen Lage? Warum haben die Bewohner einen 102 m tiefen Brunnen gegraben?

Wer ohnehin einen Ausflug nach **Sommerhausen** ㉚ unternimmt oder dort Quartier bezieht, könnte sich und seinem Nachwuchs einen Besuch des örtlichen **Tierparks** gönnen. Von Schweinen über Alpakas bis Ponys warten 350 Arten von Haus- und Nutztieren auf große und kleine Fans. Kinder mögen den Naturerlebnisspielplatz, Eltern das Café.

MEIN TIPP

Badesee

Der Erlabrunner Badesee ist ein Naherholungsgebiet mit zwei Seen und einer großen Liegewiese etwa 10 Kilometer nördlich von Würzburg.

Zu den Einrichtungen zählen ein Spielplatz, ein Grillplatz, ein Beachvolleyballfeld, zwei Tischtennisplatten, eine Seilwinde und ein kleiner Kiosk. Der Zugang ist barrierefrei und **kostenlos.**

Der Main-Radwanderweg führt am See vorbei. Hunde haben keinen Zutritt zu der Anlage.

- •130 **Erlabrunner Badesee,** Mai–Sept. 8.30–21.30, April, Okt. 9–19, Nov.–März 9–16 Uhr

•131 **Tierpark Sommerhausen**, An der Tränk, Tel. 09333 1076, www.tierparksommerhausen.de, tägl. 9–maximal 21 Uhr (abhängig vom Einbruch der Dunkelheit), Nov.–März 10–17 Uhr, Eintritt: 4,50 €, Kinder 2,50 €.

Puppentheater

132 **Das Kasperhaus,** Julius-Echter-Straße 8 (Stadtteil Heidingsfeld), Tel. 3593494, www.theater-kasperhaus.de (Spielplan online). Die Show im Kasperhaus beginnt zur besten Matinee-Zeit um 15 oder 16 Uhr. Der Schwerpunkt liegt auf Klassikern wie „Der Räuber Hotzenplotz" und „Die gestohlene Großmutter". Zielgruppe sind Kinder von 4 bis 10 Jahren und Erwachsene. In der warmen Jahreszeit Aufführungen im Biergarten Zollhaus (Mergentheimer Straße 19, Tel. 781223, www.zollhaus-wuerzburg.de).

133 [D5] **Plastisches Theater HOBBIT,** Münzstraße 1, Tel. 59830, www.theater-hobbit.de (Spielplan online verfügbar), Eintritt Familienprogramm: Kinder 5 €, Erwachsene 7 €. Tolles Repertoire: Klassisches, Avantgarde und eigene Inszenierungen. Es gibt auch Abendvorstellungen für Jugendliche und Erwachsene. Der Eintritt bewegt sich dann zwischen 10 und 16 €.

Kinderfeste

An manche großen Veranstaltungen sind Kinderfeste angedockt bzw. es gibt zumindest einen speziell für Kinder gedachten Bereich.

Beliebt ist zum Beispiel das **Kinderkulturfest am Alten Hafen** als Teil des Würzburger alljährlichen Hafensommers (s. S. 94). Üblicherweise fällt es auf den ersten Sonntag der Kulturveranstaltung.

Absolut im Mittelpunkt stehen Kinder und Familien beim alljährlichen **Internationalen Kinderfest** auf dem Oberen und Unteren Markt. Es findet an einem Sonntag Anfang Mai statt. Zehntausende beleben dann die Innenstadt (www.facebook.com/Internationales.Kinderfest.Wuerzburg).

Ältere Kinder mögen die **Nachtwächter-Stadtführungen** (s. S. 124). Führungen für Kinder bis 12 Jahre werden von Congress Tourismus Würzburg (s. S. 112) angeboten. Themen sind „Mittelalterliches Leben in der Stadt" und „Freud und Leid der Barockzeit". Der Veranstalter hat vor allem Reisegruppen mit Kindern im Blick.

Notfälle

Polizei

Die Polizei ist in Würzburg präsenter als in vielen anderen Städten vergleichbarer Größe und wird von engagierten Ehrenamtlichen (Sicherheitswacht) unterstützt. Diese tragen dunkelblaue Uniformen mit dem bayerischen Staatswappen auf dem linken Ärmel.

Die **Polizeiinspektion Würzburg-Stadt** ist eine der größten ihrer Art in Bayern und residiert mitten in der Innenstadt:

134 [C5] **Polizeiinspektion Würzburg-Stadt,** Augustinerstraße 24/26, Tel. 4570

Architektonisch interessant ist der um 1715 errichtete hübsche **Gartenpavillon** des ehemaligen Augustinerklosters hinter dem Gebäude der Polizeiinspektion. Im Inneren informieren Schautafeln über die Geschichte des Areals und der Polizei. Eintritt frei.

Fundbüro

Das Fundbüro ist an das Bürgerbüro im Rathaus (Neubau) angeschlossen:

135 [C4] **Fundbüro,** Rückermainstraße 2, Tel. 372609 und 372690, www.wuerzburg.de (Suchbegriff: Fundbüro), geöffnet: Mo./Mi. 7.15–13, Di. 7.15–12 und 13.15–16, Do. 7.30–12 und 13.30–18, Fr. 7.15–12 Uhr (entspricht den Öffnungszeiten des Bürgerbüros)

Das Würzburger **Online-Fundbüro** ist sehr nützlich. Einfach dem entsprechenden Link auf der Website des Fundbüros folgen und mit etwas Glück sofort erfahren, ob ein verloren gegangener Gegenstand abgegeben wurde.

Notrufnummern

- **Feuerwehr und Rettungsdienst:** 112
- **Polizei:** 110
- **Ärztlicher Bereitschaftsdienst:** 116117 (bundesweite Notfallnummer)

Kartensperrung

Bei **Verlust der Debit-/Giro-, Kredit- oder SIM-Karte** gibt es für Kartensperrungen eine **deutsche Zentralnummer** (unbedingt vor der Reise klären, ob die eigene Bank bzw. der jeweilige Mobilfunkanbieter diesem Notrufsystem angeschlossen ist). **Aber Achtung:** Mit der telefonischen Sperrung sind die Bezahlkarten zwar für die Bezahlung/Geldabhebung mit der PIN gesperrt, nicht jedoch für das **Lastschriftverfahren mit Unterschrift.** Man sollte daher auf jeden Fall den Verlust zusätzlich **bei der Polizei zur Anzeige bringen,** um gegebenenfalls auftretende Ansprüche zurückweisen zu können.

In **Österreich** und der **Schweiz** gibt es keine zentrale Sperrnummer, daher sollten sich Besitzer von in diesen Ländern ausgestellten Debit- oder Kreditkarten vor der Abreise bei ihrem Kreditinstitut über den zuständigen Sperrnotruf informieren.

Generell sollte man sich immer die **wichtigsten Daten** wie Kartennummer und Ausstellungsdatum **separat notieren,** da diese unter Umständen abgefragt werden.

- **Deutscher Sperrnotruf:** Tel. +49 116116 oder Tel. +49 3040504050
- **Weitere Infos:** www.kartensicherheit.de, www.sperr-notruf.de

Post

136 [D1] **Deutsche Post (1),** Bahnhofplatz 2, geöffnet: Mo.–Fr. 8.30–18, Sa. 9–12 Uhr. Die größte Postfiliale der

Historischer Briefkasten in der Altstadt

049wb-js

061wb-js

Stadt befindet sich unmittelbar neben dem Hauptbahnhof.

⊠**137** [E3] **Deutsche Post (2),** Spiegelstraße 12, geöffnet: Mo.–Fr. 9–18, Sa. 9–13 Uhr. Zentral gelegene Filiale im Einzelhandel (BUNTSTIFT Schreibwaren und Geschenkideen).

Radfahren

Wichtige **Warnung:** Vorsicht ist geboten beim Queren tückischer Straßenbahnschienen und beim Befahren von regennassem Kopfsteinpflaster (kommt auch in Kombination vor)!

Ansonsten ist Radfahren im Bereich der erfreulich ebenen Innenstadt und entlang des Mains eine sehr angenehme Art der Fortbewegung. Fast alle Ziele in der Würzburger Innenstadt sind mit dem Fahrrad schneller zu erreichen als mit dem Auto. Die Stadt hat ein attraktives Radverkehrsnetz angelegt und in der Fußgängerzone ist rücksichtsvolles Radfahren in Schrittgeschwindigkeit erlaubt.

Würzburg ist eine fahrradfreundliche Stadt

Verkaufskiosk für Bootsausflüge (s. S. 126)

Main-Radweg

Würzburg ist eine Station auf dem fast 600 Kilometer langen wundervollen und vom Allgemeinen Deutschen Fahrrad-Club (ADFC) ausgezeichneten **Main-Radweg (www.mainradweg.com).** Es gibt eine ganze Reihe überdachter, aber unbewachter **Abstellmöglichkeiten für Fahrräder** („Fahrradgaragen"), beispielsweise am südlichen Ende der Karmelitenstraße [C4].

Fahrradverleih

•**138** [C3] **bikes & more Ludwig Körner,** Bronnbachergasse 3, Tel. 52340, www.ludwigkoerner.de/leihraeder.html, geöffnet: Mo.–Fr. 10–14 und 15–18, Sa. 10–14 Uhr. Mitten im Zentrum verleiht das alteingesessene Fahrrad-Fachgeschäft Marken-, Trekking- und Cityräder. Kostenpunkt: 12 € für den ersten Tag, 9 € für jeden weiteren. Wochenendtarif (Fr. 16–Mo. 11 Uhr): 23 € (mit Rückholung der Räder bei der Unterkunft in Würzburg: 28 €). Leihe eines Pedelec (Unterstützung durch Elektroantrieb): 25 € für den ersten Tag, jeder weitere kostet 20 €.

› **Call a Bike,** www.callabike-interaktiv.de. Das Mietrad-Angebot der Deutschen Bahn gibt es auch in Würzburg. Bikes stehen beim Hauptbahnhof [E1]. Registrierung erforderlich. Ein Mietrad kostet im Tarif „Starter" pro Tag max. 9 €.

Geführte Fahrrad-Touren

Eine Tour für Gruppen führt den Main entlang über das Kloster Oberzell zum Rokokogarten (s. S. 65) in Veitshöchheim 29. Nähere Informationen findet man unter www.wuerzburg.de/radfahren.

Informativ ist auch das Online-Angebot des Landkreises Würzburg für Radtouristen: www.vianovis.net/lkr-wuerzburg → Freizeit und Naherholung → Radfahren.

Stadttouren und Ausflüge

Stadtführungen

Das Angebot an Stadtführungen ist groß. Es gibt öffentliche Altstadtführungen – auch zu bestimmten Themenschwerpunkten – und Gruppenführungen. Bekanntester Anbieter ist der städtische Eigenbetrieb Congress Tourismus Wirtschaft. Seine Führungen können im Büro der Tourist Information (s. S. 113) im Falkenhaus 11 gebucht werden.

Die beliebteste Altstadt-Führung dauert eineinhalb Stunden und findet grundsätzlich zweimal täglich statt, nämlich um 10.30 Uhr und um 14 Uhr. Kostenpunkt: 11 €, ermäßigt 9 €. Start: Falkenhaus. Weitere Infos zu den Führungen: www.wuerzburg.de → Tourismus → Stadtführungen → Öffentliche Führungen.

Tipp: Inhaber der Würzburg Welcome Card (s. S. 114) erhalten einen Rabatt von 2 € auf einen Altstadtrundgang, außerdem 1 € Ermäßigung auf eine Stadtrundfahrt und jeweils bis zu 1 € für Führungen bzw. Eintrittsgelder bei vielen Sehenswürdigkeiten.

Der Verein **Würzburger Gästeführer** legt den Schwerpunkt auf thematische Führungen. Von April bis Oktober geht es oft sonntags 15 Uhr los. Thema und Treffpunkt variieren. Dauer: ca. anderthalb Stunden, Kosten: ab 5 € (Kinder u. U. gratis). Auch

050wb-js

rollstuhlgerechte Führungen werden angeboten. Manche Führungen sind speziell für Kinder geeignet (www.wuerzburger-gaestefuehrer.de).

„Gässli und Gschichtli“: Sehr beliebt sind die anekdotenreichen abendlichen Führungen des **Würzburger Nachtwächters** durch die Innenstadt. Mit Mantel, Dreispitz, Laterne, Horn und Hellebarde wie ein mittelalterlicher Nachtwächter ausgerüstet, nehmen die Guides Besucher mit auf eine kurzweilige Reise in Würzburgs wechselvolle Geschichte. Dabei wird im schönsten Unterfränkisch viel Wissenswertes vermittelt.

› **„Unterwegs mit dem Würzburger Nachtwächter“**, Tel. 97097780, www.wuerzburger-nachtwaechter.de, Jan., Feb. Fr./Sa. 19 und 20, März–Okt. Mo.–Do. 20, Fr./Sa. 20 und 21, Nov., Dez. Mo.–Do. 20, Fr./Sa. 19 und 20 Uhr, Treffpunkt: Vierröhrenbrunnen (s. S. 45), für Einzelpersonen und Kleingruppen keine Voranmeldung nötig, Dauer: 1 Stunde, Preis: 7,50 €, ermäßigt 6 €, kostenlos für Kinder bis 10 Jahre und Personen mit Handicap

Derselbe Veranstalter bietet noch weitere Erlebnisführungen mit Würzburger Originalen (Marktbärbel, Weinbäuerle Karl und viele andere) an, z. B. **samstags 11 Uhr** die etwa anderthalbstündige Führung „Unterwegs mit dem Schorsch“. Auch hier ist der Vierröhrenbrunnen (s. S. 45) Treffpunkt und grundsätzlich ist keine Voranmeldung nötig. Kosten: 10 €, ermäßigt 7,50 €, kostenlos für Kinder bis 10 Jahre und Personen mit Handicap.

Würzburg mit Audioguide

Bei der Tourist Information im Falkenhaus (s. S. 113) ist ein Audioguide erhältlich, der Besucher zu elf besonders herausragenden Sehenswürdigkeiten geleitet. Die Tour startet direkt beim Falkenhaus und führt unter anderem zur Alten Mainbrücke, zum Dom und zur Residenz. Würzburgs Top-Sehenswürdigkeiten werden dabei in kurzen Vorträgen erläutert.

› Mietpreis Minicomputer iGuide: 3 Stunden 7,50 €, 24 Stunden 10 €, zweiter Kopfhörer 2,50 €, für Smartphones und Tablets kann der Audioguide online

051wb-js

kostenlos heruntergeladen werden: www.wuerzburg.de/tourismus/service/info-material/tomisaudioguide/24777.Audio-Reisefuehrer-fuer-Smartphone-oder-Tablet.html

Stadtrundfahrten

Gemütliche Rundfahrten ab der Balthasar-Neumann-Promenade [E4] bietet der **City Train.** Die Würzburger nennen das wie eine kleine Dampf-Lok gestaltete Gefährt Bimmelbahn. Fahrgäste passieren auf der etwa 40-minütigen Tour unter anderem den Dom und fahren den Main entlang. Kosten: 9 € (ermäßigt 4 €), die Tickets beinhalten einen Kaffee-Gutschein für das Café Schönborn (s. S. 80).

› tägl. 11–15 Uhr zu jeder vollen Stunde, Mai–Okt. auch 10 und 16 Uhr, Juni–Sept. zusätzlich 17 Uhr, Start an der Einfahrt zum Parkplatz der Residenz, www.city-tour.info/wuerzburg

Beim **Schoppen-Express** kann man für individuell organisierte Feiern eine Tram mieten. Einfach so zusteigen können Individualreisende in der Adventszeit, wenn der zur **Nikolausstraßenbahn** umgebaute grüne Schoppen-Express durch das festlich geschmückte Würzburg gondelt. Es gelten dann Sonderpreise (2 € für Erwachsene und 1 € für Kinder).

Verschiedene **Segway-Touren** starten beim Maritim-Hotel (s. S. 128). Die günstigste kostet 59 € und dauert ungefähr eineinhalb Stunden (Informationen: Tel. 01606375317 und www.segtrail.de).

◁ *Eine City-Train-Tour dauert 40 Minuten*

Weintouren

› **Weinberg-Wanderungen** s. S. 50

An organisierten Weinerlebnissen besteht kein Mangel. Ein bewährter Vermittler:

› **Gästeführer Weinerlebnis Franken,** Tel. 09365 2251, www.gaestefuehrer-weinerlebnis.de → Terminkalender (Vorauswahl „Würzburg" treffen)

Kellerführungen der drei großen Weingüter beinhalten oft eine Weinprobe. Zudem nehmen alle drei an der jedes Jahr Ende November stattfindenden „Nacht der offenen Weinkeller" teil (s. S. 93).

› **Weingut Juliusspital** (s. S. 52), www.juliusspital-weingut.de → Besuch

•139 [E3] **Bürgerspital Weingut,** Theaterstraße 19, Tel. 3503451. Das Weingut bietet ein buntes Programm an Weinproben und Kellerführungen. Die kürzeste Führung dauert eine Stunde, kostet 8 € und beinhaltet die Verkostung eines Glases Wein, für die umfassendste werden dreieinhalb Stunden veranschlagt und es werden fünf Weine verkostet. Details: www.buergerspital.de/weingut/weinproben/m_2093.

•140 [E4] **Staatlicher Hofkeller,** Residenzplatz 3 (Rosenbachpalais), Tel. 3050931, März–Mitte Dez. Fr. 16.30 und 17.30, Sa./So. und feiertags 10–12 und 14–16 Uhr zu jeder vollen Stunde (Sa. zusätzlich 17 Uhr), Dauer: ca. 45 Minuten, Karten sind bei der Tourist Information (s. S. 113) oder direkt vor der Führung erhältlich, Treffpunkt: Residenz/Franconiabrunnen, Kosten: 8 € (inkl. 1 Glas Wein), Details: www.hofkeller.de/hofkeller/veranstaltungen/fuehrungen (dort findet man auch Informationen zu weiteren weinseligen Events)

Bootsausflüge

Die Anlegestelle für Fahrgastschiffe auf dem Main befindet sich ganz in der Nähe des Alten Kranen ⓮. Die insgesamt vier Schiffe der beiden Anbieter Schiffstouristik Würzburg und Veitshöchheimer Personenschifffahrt werden als **Weiße Flotte** bezeichnet. Es werden Linien-, Rund- und Sonderfahrten angeboten. Das erste Ausflugsschiff der Saison lichtet die Anker schon im April, das letzte im Oktober.

Die beliebteste Route führt nach Veitshöchheim ㉙ und zurück. In der Saison kann man täglich aus einer ganzen Reihe von Abfahrten auf der Strecke Würzburg nach Veitshöchheim und zurück wählen.

› Fahrtdauer für die einfache Strecke ca. 40–45 Min., Rückfahrt jeweils ca. 50–60 Min. nach dem Start der Hinfahrt. Preise: einfache Fahrt 12 €, Hin- und Rückfahrt 15 €, Kinder fahren günstiger bzw. unter 4 J. im Falle der Veitshöchheimer Personenschifffahrt sogar gratis mit. Außerdem verursachen bei diesem Anbieter auch Fahrräder und Hunde keine Zusatzkosten. Details zu Zeiten, Preisen, Sonderfahrten und Angeboten auf den Websites der Anbieter: www.schiffstouristik.de (Tel. 58573) und www.mainschifffahrt.de (Tel. 55633).

Ein Schiff der „Weißen Flotte“ ankert in Sichtweite der Festung ㉒

Unterkunft

In Würzburg sind alle gängigen Arten der Unterbringung von Reisenden vorhanden: Hotels, Pensionen, Jugendherbergen, Ferienwohnungen, Campingplätze – und immerhin ein Hostel.

Besucher können außerdem auf die **Internetportale zur Privatzimmervermittlung** zurückgreifen. Nicht wenige preisbewusste Reisende werden das auch tun, denn die regulären Preise für ein Hotel-Doppelzimmer in Würzburg beginnen bei ca. 80 Euro.

Hotels

Würzburg ist in Sachen Hotel-Übernachtungen **kein Schnäppchen-Paradies.** Gleichzeitig gibt es auch keine sündhaft teuren Nobel-Hotels. Ein großer Teil der örtlichen Hoteliers kassiert für eine Übernachtung im Doppelzimmer mit Frühstück zwischen 90 und 140 Euro. Kostenfreies WLAN ist weitgehend Standard.

In der Innenstadt

141 [D5] **Hotel Franziskaner** €, Franziskanerplatz 2, Tel. 35630, www.hotel-franziskaner.de. **Bewährt und zentral:** Das traditionsreiche Dreisternehaus liegt äußerst günstig am kleinen Franziskanerplatz neben der Alten Universität. Einige Zimmer mit Balkon. Zugehöriges Restaurant.

142 [D5] **Hotel Rebstock** €€€, Neubaustraße 7, Tel. 30930, www.rebstock.com. **Wohlfühlen und genießen:** Das zentral gelegene Hotel mit der Rokokofassade versteht es, Historisches und Modernes auf schicke und gefällige Weise zu verbinden. Auch Suiten mit Festungsblick. Das avantgardistische Gourmet-Restaurant KUNO 1408 (s. S. 79) steht nicht nur Hotelgästen offen.

143 [C5] **Hotel Walfisch** €€, Am Pleidenturm 35, Tel. 35200, www.hotel-walfisch.com. **Am Wasser gebaut:** direkt am Main mit gleichnamigem fränkischen Restaurant. Der ungewöhnliche Name hat nichts mit Moby Dicks Artgenossen zu tun, sondern mit Wallern, großen Flussfischen, die es früher im Main gab.

144 [E2] **Pension Siegel** €, Reisgrubengasse 7, Tel. 52941 und 52964, www.pension-siegel.com. **Ohne Schnickschnack und Schnörkel:** Für die Würzburger Innenstadt überraschend preisgünstig. Vorabüberweisung oder Kartenzahlung bei Anreise. Kein Frühstück.

Mein Tipp

Spartipps

Wer für Hotelübernachtungen deutlich weniger tief in die Tasche greifen möchte, informiert sich im Voraus über Sonderangebote (z. B. Frühbucher-Rabatte) oder quartiert sich recht weit außerhalb Würzburgs ein, beispielsweise im Motel Pelikan (s. S. 128) an der Autobahn A3 (von der Innenstadt 12 km entfernt) oder in den kleineren Orten um Würzburg herum, z. B. in einer Pension in Sommerhausen (s. S. 70) – leider oft Mindestaufenthalt vorausgesetzt – oder in einem Gästezimmer des Campingplatzes Estenfeld (s. S. 128, Kostenpunkt DZ jeweils ab ca. 45 €).

Außerhalb der Innenstadt

145 [B1] **B&B Hotel** €, Veitshöchheimer Straße 18, Tel. 250950, www.hotelbb.de/de/wuerzburg. **Schlicht und sauber:** mit 95 Zimmern ein für Würzburg mittelgroßes Hotel und dabei vergleichsweise preisgünstig. Gleich gegenüber stehen der Kulturspeicher 21 und das größte Kino der Stadt unmittelbar nebeneinan-

Buchungsportale

Neben Buchungsportalen für **Hotels** (z. B. www.booking.com, www.hrs.de oder www.trivago.de) bzw. für **Hostels** (z. B. www.hostelworld.com) gibt es auch Anbieter, bei denen man **Privatunterkünfte** buchen kann. Portale wie www.airbnb.de, www.wimdu.de oder www.9flats.com vermitteln Wohnungen, Zimmer oder auch nur einen Schlafplatz auf einer Couch. Diese oft recht günstigen Übernachtungsmöglichkeiten sind nicht unumstritten, weil manchmal normale Wohnungen gewerblich missbraucht werden. Einige Städte greifen deshalb regulierend ein.

Preiskategorien
Die Preiskategorien gelten für ein Doppelzimmer mit Frühstück.

€	bis 100 Euro
€€	100 bis 150 Euro
€€€	über 150 Euro

der. Frühstücksbuffet 10,50 € (Kinder bis 12 Jahre 4 €).

146 [G2] **Ghotel Hotel & Living** €€, Schweinfurter Straße 1–3, Tel. 359620, www.ghotel.de. **Moderner Hotelturm:** für Würzburg-Besucher, die hoch hinaus wollen. Im Ghotel ist man in einem weithin sichtbaren Glasturm nordöstlich der Innenstadt knapp außerhalb des Ringparks untergebracht. Zum Hauptbahnhof und zur Residenz sind es jeweils nur 10 Minuten zu Fuß. Tolle Aussicht von den höheren Etagen. Mit großem Fitnessstudio.

147 [C2] **Maritim** €€, Pleichertorstraße 5, Tel. 30530, www.maritim.de. **Familienfreundlich:** Das große Viersternehaus steht nicht weit vom Hauptbahnhof entfernt. Es ist mit dem Congress Centrum Würzburg verbunden und hat fast 300 Zimmer, darunter mehrere Suiten. Fahrradverleih. Kostenpflichtige Tiefgarage.

148 Motel Pelikan €, Mainfrankenpark 18, 97337 Dettelbach, Tel. 09302 932424, https://motel-pelikan.business.site. **Pragmatisch übernachten:** Auf dem Areal des kompakten Gastro- und Gewerbegebiets Mainfrankenpark direkt an der A3 gelegen, ist das nüchterne Motel vor allem für preisbewusste Reisende mit eigenem Fahrzeug interessant. Es wird ein preisgünstiges Frühstücksbuffet angeboten. Spätabends anreisenden Gästen könnten die langen Öffnungszeiten der nahe gelegenen (Schnell-)Restaurants entgegenkommen.

Jugendherberge und Hostel

149 [B5] **DJH-Jugendherberge** €, Fred-Joseph-Platz 2, Tel. 4677860, www.wuerzburg.jugendherberge.de. Rezeption 7–1, Check-in 15–22, Check-out 7–10 Uhr. Die Würzburger Jugendherberge ist auf der linken Mainseite unterhalb der Festung Marienberg (22) in einem ehemaligen Frauengefängnis untergebracht. Ein- bis Sechsbettzimmer und Familienzimmer.

150 [E2] **Hostel Babelfish** €, Haugerring 2, Tel. 3040430, www.babelfish-hostel.de. Das Hostel liegt in Sichtweite des Hauptbahnhofs. Ordentliche Ein- und Mehrbettzimmer zu sehr konkurrenzfähigen Preisen – insbesondere ab vier Betten aufwärts. Dachterrasse und Selbstversorgerküche. Frühstück 7 €.

Camping

Zwei empfehlenswerte Campingplätze in der näheren Umgebung:

151 Camping Kalte Quelle €, Winterhäuser Straße 160 (Stadtteil Heidingsfeld), Tel. 65598, www.kalte-quelle.de, geöffnet: 7.30–22 Uhr (April–Mitte Okt.) bzw. 9–18 Uhr (Mitte Okt.–März). Der ganzjährig geöffnete Platz liegt direkt am Main und bietet Blick auf die Weinberge. Fahrradverleih, Spielplatz u. v. m. Ver- und Entsorgungsstation für Wohnmobile. Die Wasserskistrecke auf dem Main liegt direkt am Platz. Im Sommerhalbjahr Biergarten und Gaststätte.

152 Campingplatz Estenfeld €, Maidbronner Straße 38, 97230 Estenfeld, Tel. 09305 228, www.camping-estenfeld.de, geöffnet: 28. Mai–15. Nov. (und auf Anfrage), Anmeldung besetzt 7.30–11 und 16–22 Uhr. Weniger als 10 km von der Würzburger Innenstadt an der Bundesstraße B19 (Ausfahrt Estenfeld-Rimpar) gelegen, überzeugt der Platz mit ruhiger Lage, Kiosk, beheizten Sanitär-

053wb-js

anlagen, einem Wintergarten und vielem mehr. Es können auch relativ günstig Gästezimmer gemietet werden.

Verkehrsmittel

Innerhalb des zentralen Gebiets Würzburger Bischofsmütze (s. S. 96) ist alles wunderbar zu Fuß zu erreichen.

Mit dem mitgebrachten oder geliehenen Fahrrad (s. S. 122) oder der Straßenbahn ist man natürlich noch etwas flotter unterwegs.

Straßenbahn

Alle Stationen der fünf „Straba"-Linien befinden sich innerhalb eines Tarifbereichs (Würzburgs Großwabe). Die für Besucher interessantesten Tickets sind: Kurzstrecke „1+4" (1,40 €), Einzelkarte (2,80 €), 6er-Karte (11,40 €) und Tageskarte Solo (4,60 €) sowie Tageskarte Plus (6,60 €). Details: www.vvm-info.de (→ Fahrkarten & Preise). Tickets gibt es an Automaten an den Haltestellen.

An vielen Haltestellen sind digitale Anzeigetafeln installiert. Links steht die Straßenbahnlinie, in der Mitte das Ziel und rechts die Abfahrts-Uhrzeit bzw. die Zahl der verbleibenden Minuten bis zur Abfahrt.

Bus

Der wichtigste **Knotenpunkt** ist der Zentrale Omnibusbahnhof (ZOB, [E1]) westlich des Hauptbahnhofs. Fahrkarten beim Fahrer. Interaktiver Liniennetzplan unter https://netzplan.vvm-info.de. Für **Ausflüge** relevante Buslinien sind z. B.:

- **9:** Kulturspeicher und Festung Marienberg („Kulturlinie")
- **11:** Veitshöchheim
- **35:** Frankenwarte/Käppele (Abfahrt Sanderring [D6])
- **554/555** passiert Sommerhausen

Nachts kommt man auch an Werktagen stündlich von fast allen Stadtteilen aus mit dem **Nachtbus** ans Ziel.

⊡ *Alte Straßenbahnen sind auf Würzburgs Schienen selten geworden*

054wb ©WernerHilper, stock.adobe.com

Wetter und Reisezeit

Würzburg hat **immer Saison** und kann das ganze Jahr über genussreich bereist werden. Die Stadt gehört zu den wärmeren und niederschlagsärmeren Orten in Deutschland. Die **Winter sind relativ mild** und wenn in der Innenstadt Schnee fällt, bleibt er oft nicht lange liegen.

Im Jahresverlauf jagt ein geselliger Event das nächste (s. S. 92). Angefangen von der Faschingszeit über das Frühjahrsvolksfest und die Sommermonate mit ihren Weinfesten und dem populären Kiliani-Volksfest bis zum Straßenmusikfestival im Herbst und dem glühweinseligen Weihnachtsmarkt ist in jeder Jahreszeit etwas los.

Taxi

Der Grundpreis beträgt 5,30 €, der Mindestfahrpreis 5,50 €. Für die Wegstrecke werden für den ersten bis dritten Kilometer je Kilometer 2,50 € addiert und ab dem dritten Kilometer 1,80 € pro Kilometer. Für Anfahrten zu Startpunkten außerhalb Würzburgs fallen fixe **Anfahrtsgebühren** an, z. B. nach Veitshöchheim 29 9 € und nach Sommerhausen 30 22 € (Stand: Frühjahr 2023). Der **zentrale Taxiruf** lautet 19410 (Weitere Infos: www.taxi-wuerzburg.de).

Winterlandschaft mit der Wallfahrtskirche Käppele 24

Flaneure lieben die Uferpromenade am Mainkai (s. S. 46)

Wetter in Würzburg

Durchschnitt	Jan	Febr	März	Apr	Mai	Juni	Juli	Aug	Sept	Okt	Nov	Dez
Maximale Temperatur	5°	7°	11°	17°	20°	25°	27°	27°	22°	15°	9°	6°
Minimale Temperatur	–1°	0°	2°	5°	9°	13°	15°	15°	10°	7°	3°	1°
Regentage	16	13	11	12	13	14	13	13	12	12	14	13

055wb-js

Kleine Sprachhilfe Fränkisch

Für einen tieferen Einstieg in den fränkischen Dialekt sei an dieser Stelle der Dialektführer „Fränkisch – das Deutsch der Franken“ (Kauderwelsch-Band 186) aus dem Reise Know-How Verlag empfohlen.

Wichtige Begriffe

Mo(r)chn!	Guten Morgen!
'N Abnd! / Abnd!	Guten Abend!
'S Godd!	Grüß' Gott!
Adele!	Tschüssi! (Ade-lein)
Widderseng!	Auf Wiedersehen!
Sävus!/Säas!/Säs!/ Seers!	Servus! (als Hallo und Tschüss)
Säas alda Hüddn	Hallo altes Haus! (Servus alte Hütte)
füäderschich	vorwärts
härner/hinner	hinter
hinnerschich	rückwärts

Zahlen

1	ees/ens
2	zwee
3	drei
4	via
5	fünef
6	seks
7	siebä
8	ocht
9	neu
10	zäh
12	zwöllef
11	ellef
13	dreidze
14	vidze/viadze
15	fuchze
16	sachze
17	sibbze/siebeze
18	ochdze
19	neunze
20	zwanzich

Alltagsbegriffe

Allmechd!	*Universaler Ausruf um Ärger oder Überraschung auszudrücken*
Aufg(e)mergd!	Obacht! (aufgemerkt)
Bassd scho!	Das geht so in Ordnung. (passt schon)
Beim heiliche Kilian!	*Ausruf der Überraschung zu Ehren des Würzburger Schutzpatrons*
Bfeufedeggl!	Ach was! (Pfeifendeckel)
Brunzverregg!	*Ausruf höchsten Erstaunens mit einem Unterton der Empörung*
Des (der)bagg i nedd!	Das verstehe (packe) ich nicht.
Dunnakail!	Donner und Doria! (Donnerkeil)
Dunnakail, hob iech mich edzerd meina Finga oghaun!	Verflucht, was hab' ich mir jetzt auf meine Finger gehauen!
Dunnawadda!/Dunnerwedder!	Donnerwetter!
Ezd schlächds dreize!	Ach du meine Güte! (jetzt schlägt's dreizehn)
Jessas!	*Ausruf des Erschreckens* (Jesus)
Jessmandjosef!	*Ausruf des Erschreckens* (Jesus, Maria und Josef)

Kulinarisches

Boggsbeidl/Boggsbeudl/Boggsbeudele	Bocksbeutel (typisch fränkische Weinflasche mit flachem Bauch und 0,75 Liter Inhalt)
Bremser	Federweißer
Gschbrüdsder	Weißwein mit Mineralwasser (Gespritzter)
Gsiief	widerliches Gebräu
Schobbe	Mengenangabe (0,25 Liter) für weinhaltige Getränke (Schoppen)
Zwedschgä	Zwetschgenschnaps
Gschlabberi	wässriger Fraß
Kesselflääsch	Kesselfleisch (gibt es nur bei Hausschlachtungen)
Kümmerli	Gurken
Meefischli	regionale Fischspezialität (Main-Fischchen)
näscherd/nöscherd	verwöhnt, was die Auswahl der eingenommenen Speisen angeht (naschen)
Rotgelechder	Wurstspezialität (Rotgelegter)
Schoofmäulich	Feldsalat (Schafmäulchen)
Schbiesbrade	großes Stück gebratenen Fleisches (Spießbraten)
Schbinaad	Spinat
Subbn	Suppe
Wegg	Brötchen
Weindräubli/Weidräublich	Weintrauben
Wörschd/Wöschd	Würste
Züggälich	Bonbons
Ausstecherli	selbst gebackene (ausgestochene) Plätzchen
Ää	Ei
Bloudwoschd	Blutwurst
Bressagg	mit Blut, Fleisch und Speck gefüllter Saumagen (Presssack)
Bloods	fränkische Backspezialität
Eibrönn	Mehlschwitze
Fasörlich	Bohnen
Fleesch/Flääsch	Fleisch
Fleeschküchlich	Frikadellen (kleine Fleischkuchen)
Gaaleruawe	Karotte (gelbe Rübe)
Gnöchli	kleine Knochen
Öbflblohds	Apfelkuchen
Schäufele	gebratene Schweineschulter
Schniggerli	Innereien
Würschdlich	Würstchen
Zwieflblohds	Zwiebelkuchen

Reise Know-How
@ReiseKnowHow
@reiseknowhowverlag
@Reise_KnowHow
auf www.reise-know-how.de
für den Newsletter anmelden
Zugspitze, Foto: Aneta Niemitz
Wohnmobil-Tourguide | Kauderwelsch | Landkarten | Soul Places

Register

Impressum

Jens Sobisch

CityTrip Würzburg

© Reise Know-How Verlag
Peter Rump GmbH
4., neu bearbeitete und aktualisierte Auflage 2023

ISBN 978-3-8317-3683-6

Printed in Germany

Druck und Bindung:
mediaprint solutions GmbH, Paderborn

Herausgeber: Klaus Werner
Layout: amundo media GmbH (Umschlag, Inhalt), Peter Rump (Umschlag)
Lektorat: amundo media GmbH
Karten: Ingenieurbüro K. Wendler, amundo media GmbH
Anzeigenvertrieb: KV Kommunalverlag GmbH & Co. KG, Alte Landstraße 23, 85521 Ottobrunn, Tel. 089 928096-0, info@kommunal-verlag.de
Kontakt: Osnabrücker Str. 79, 33649 Bielefeld, info@reise-know-how.de

Bildnachweis

Umschlagvorderseite: © daniel wilharm/EyeEm, stock.adobe.com | Umschlagrückseite: © Leonid Andronov, stock.adobe.com | Umschlagklappe rechts: © PANORAMO, stock.adobe.com
Soweit ihre Namen nicht vollständig am Bild vermerkt sind, stehen die Kürzel an den Abbildungen für die folgenden Fotografen, Firmen und Einrichtungen. Jens Sobisch: js

Würzburg mit PC, Smartphone & Co.

QR-Code auf dem Umschlag scannen oder **www.reise-know-how.de/citytrip/wuerzburg23** eingeben und die **kostenlose Web-App** aufrufen (Internetverbindung zur Nutzung nötig)!

★ **Anzeige der Lage und Satellitenansicht aller** beschriebenen Sehenswürdigkeiten und touristisch wichtigen Orte

★ **Routenführung** vom aktuellen Standort zum gewünschten Ziel

★ **Exakter Verlauf** des empfohlenen Stadtspaziergangs

★ **Updates** nach Redaktionsschluss

GPS-Daten zum Download

Die GPS-Daten aller Ortsmarken und des Spaziergangs stehen auf der Produktseite des Titels auf www.reise-know-how.de zum Download zur Verfügung.

Stadtplan für mobile Geräte

Um den Stadtplan auf Smartphones und Tablets nutzen zu können, empfehlen wir die App „Avenza Maps" der Firma Avenza™. Über die Funktion „Store" kann die „Citymap Wuerzburg 2023" kostenlos geladen werden.

Unsere App-Empfehlungen zu Würzburg

› **Bistum Würzburg:** Gratis-App für iOS, Android und Windows. Kirchen und Gottesdienste, Nachrichten, Termine und Videos im Bistum Würzburg.

› **inFranken E-Paper:** kostenpflichtige App für iOS und Android. Bietet Zugriff auf das jeweilige E-Paper von fünf Tageszeitungen der Region ab 5 Uhr morgens.

› **Main-Post News:** kostenpflichtige App für iOS und Android. Unbegrenzter Zugriff auf alle Website-Inhalte der Tageszeitung Main-Post, außerdem persönlicher Nachrichtenmix, Push-Mitteilungen und vieles mehr. Nutzung auf bis zu drei Endgeräten gleichzeitig.

› **TV Mainfranken:** Gratis-App für iOS und Android. Aktuelle Nachrichten und Videobeiträge des Regionalsenders TV Mainfranken. Schwerpunkte der Berichterstattung sind Würzburg und Umgebung.

Die Information über und die Bereitstellung von digitalen Zusatzinhalten (z. B. Web-App, Links, GPS-Tracks o. Ä.) ist eine freiwillige Zusatzleistung des Verlages, auf die kein Anspruch besteht und für deren Richtigkeit aufgrund der Veränderlichkeit solcher Informationen auch nicht gehaftet werden kann. Insbesondere behält sich der Verlag deshalb vor, die Bereitstellung und die Zugriffsmöglichkeit zeitlich zu befristen und den Zugriff hierauf auch vorfristig abzuschalten.

Liste der Karteneinträge

●140 [E4] Staatlicher Hofkeller S. 125
141 [D5] Hotel Franziskaner S. 127
142 [D5] Hotel Rebstock S. 127
143 [C5] Hotel Walfisch S. 127
144 [E2] Pension Siegel S. 127
145 [B1] B&B Hotel S. 127
146 [G2] Ghotel Hotel & Living S. 128
147 [C2] Maritim S. 128
149 [B5] DJH-Jugendherberge S. 128
150 [E2] Hostel Babelfish S. 128

Hier nicht aufgeführte Nummern liegen außerhalb der abgebildeten Karten. Ihre Lage kann aber wie die von allen Ortsmarken im Buch mithilfe der Web-App angezeigt werden (s. S. 140).

Zeichenerklärung

- Hauptsehenswürdigkeit
- Bar, Club, Treffpunkt
- Biergarten, Pub, Kneipe
- Café
- Denkmal
- Fischrestaurant
- Freibad
- Galerie
- Geschäft, Kaufhaus, Markt
- Hotel
- Hallenbad
- Imbiss, Bistro
- Informationsstelle
- Jugendherberge, Hostel
- Kirche
- Krankenhaus, Arzt
- Museum
- Musikszene, Disco
- Parkplatz
- Pension, Bed & Breakfast
- Polizei
- Post
- Restaurant
- Sehenswürdigkeit
- Sonstiges
- Theater
- Weinberg
- Weinlokal

- Straßenbahn-Halt
- Shoppingareal
- Gastro- und Nightlife-Areal
- Stadtspaziergang (S. 10)

LINIENNETZ

Straßenbahnen in Würzburg

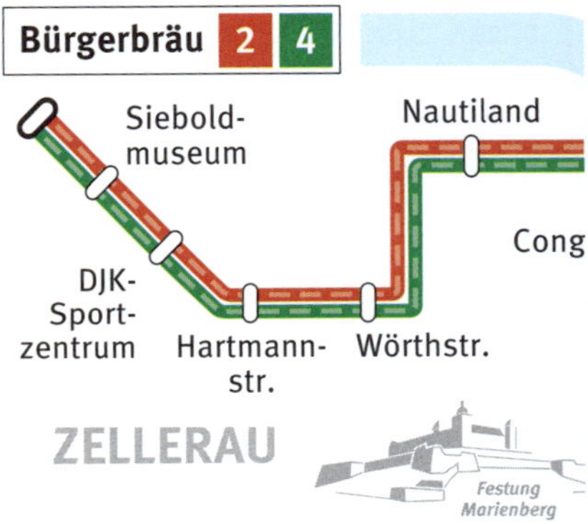

Einfach.
Schnell.
Online.

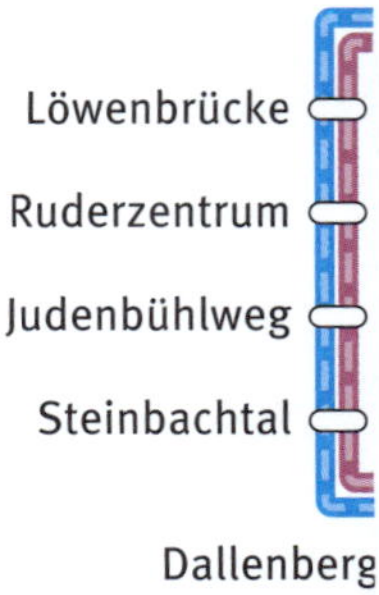

wvv.de/liniennetz